하루
한장 독해

비문학 독해

사회편 **5**단계 (5, 6학년)

# 하루한장 독해

## 비문학 독해

### 사회편 5단계 (5, 6학년)

## WRITERS

**미래엔콘텐츠연구회 & 김진아, 이은영, 정지민, 조현주**

미래엔콘텐츠연구회는 No1. Contents를 개발합니다.


## COPYRIGHT

인쇄일 2022년 12월 1일(1판1쇄)
발행일 2022년 12월 1일

펴낸이 신광수
펴낸곳 (주)미래엔
등록번호 제16–67호

융합콘텐츠개발실 황은주
개발책임 정은주
개발 정은주, 심효선, 김현경, 박누리, 한솔

콘텐츠서비스실장 김효정
콘텐츠서비스책임 이승연

디자인실장 손현지
디자인책임 김병석, 김기욱
디자인 이돈일, 김단비

CS본부장 강윤구
제작책임 강승훈

ISBN 979-11-6841-103-6

우리는 수많은 글에 둘러싸여 살아가고 있습니다.
이야기책이나 교과서 글뿐 아니라,
전단의 광고 문구, 가정 통신문의 안내 글,
인터넷 속의 다양한 자료와 글 …

그래서 우리는 글과 자료에 담긴 지식과 정보를
정확하게 이해하고 해석하는 능력을 키워야 합니다.
단순히 글자를 눈으로 읽어 내는 것이 아니라,
사실을 확인하고 의미를 이해하고 핵심을 파악해야
제대로 독해했다고 볼 수 있습니다.

하루 한장 독해의 비문학 독해 사회편은
우리가 궁금해 하는 사회의 폭넓은 이야기를 통해
제대로 독해하는 능력을 키우는 교재입니다.

하루에 한 장씩! 독해의 세계로 떠나 볼까요?

이 책의
# 구성과
# 특징

# 재미있게 ③ ④ ⑤ 학습해요!

**3** 매일매일
'매체 독해+글 독해+하루 어휘'
**3가지 학습**을 할 수 있어요.

**4** 블렌디드 러닝인
**4번째 학습**으로 배경지식을
넓히고 심화시킬 수 있어요.

**5** 25일차 구성으로
하루 한 장씩 학습하면
**5주에 완성**할 수 있어요.

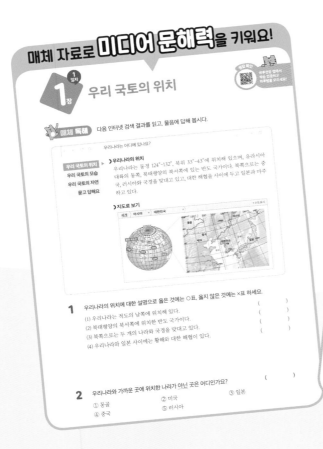

매체 자료로 **미디어 문해력**을 키워요!

폭넓은 사회 이야기로 **공부력**을 키워요!

- **미디어 문해력이란?** 매체가 제공하는 다양한 정보를 해석하고 이해하는 능력입니다.

- **그래서 매체 독해가 필요해요!** 일상생활에서 각종 매체를 통해 제공되는 카드 뉴스, 광고, 그래프 등을 이해하고 해석하는 힘을 키울 수 있습니다.

- **사회 교과 연계로 학습 자신감이 생겨요!** 초등 사회 교과서와 연계하여 선정한 주제로 독해 실력은 물론, 사회 학습의 자신감도 키울 수 있습니다.

- **배경지식을 넓혀요!** 주제와 관련된 글 자료, 영상 자료로 깊이 있는 학습을 할 수 있어요.

# 똑똑하게 독해의 힘을 키워요!

**비문학 독해의 힘**   글을 구조화하여 읽으며 글 속의 지식과 정보를 파악하는 힘을 키워요.

**매체 독해의 힘**   미디어로 둘러싸인 환경 속에서 매체 정보를 해석하고 이해하는 힘을 키워요.

**하루 한 장의 힘**   많은 학습량을 욕심내지 않고 하루에 한 장으로 꾸준하게 공부하는 힘을 키워요.

**블렌디드 러닝의 힘**   글을 읽다가 꼬리를 물고 이어지는 궁금증을 스스로 해결하는 힘을 키워요.

## 다양한 문제로 비문학 독해력을 키워요!

**1** 다음 빈칸에 들어갈 알맞은 낱말을 넣어 이 글의 제목을 완성하세요.

우리 국토의 (          )

**2** 이 글의 설명 방법으로 알맞은 것은 어느 것인가요?   (          )

① 공간을 이동해 가며 관찰한 내용에 따라 설명하였다.
② 서로 다른 대상을 비교하여 그 차이점을 설명하였다.
③ 시간이 흐르는 순서에 따라 나타나는 변화를 설명하였다.
④ 어떤 대상을 기준에 따라 몇 가지로 구분하여 설명하였다.
⑤ 권위 있는 기관의 조사 자료를 활용하여 자세히 설명하였다.

**3** 이 글을 읽고 답을 알 수 없는 질문은 어느 것인가요?   (          )

① 위치란 무엇인가요?
② 우리 국토는 어디에 위치하고 있나요?
③ 국가의 위치를 통해 무엇을 알 수 있나요?
④ 국토의 위치를 나타내는 방법에는 무엇이 있나요?
⑤ 위치의 영향을 받은 우리나라 자연환경의 특징은 무엇인가요?

**4** 이 글에서 알 수 있는 내용으로 알맞지 않은 것은 어느 것인가요?   (          )

① 우리나라의 관계적 위치는 국제 정세에 따라 변화하였다.
② 수리적 위치는 국토의 위치를 정확하게 나타낼 수 있는 방법이다.
③ 반도 국가는 다른 나라로 오고가기 불리해 국가가 발전하기 어렵다.
④ 위도 0°는 적도를 지나고, 경도 0°는 영국의 그리니치 천문대를 지난다.
⑤ 한 국가의 위치는 해당 국가의 역사, 문화와 같은 인문 환경에 영향을 준다.

## 매일매일 어휘력을 키워요!

**하루 어휘**

**1** 다음의 뜻을 가진 낱말을 보기에서 찾아 쓰세요.

| 보기 | | | |
|---|---|---|---|
| 가변적 | 상대적 | 절대적 | |

(1) 바꿀 수 있거나 바뀔 수 있는.
(2) 비교하거나 상대될 만한 것이 없는.                  (          )
(3) 서로 맞서거나 비교되는 관계에 있는.                (          )

**2** 다음 빈칸에 들어갈 말의 뜻을 보고, 알맞은 낱말을 보기에서 찾아 쓰세요.

| 보기 | | | |
|---|---|---|---|
| 설계하다 | 유리하다 | 진출하다 | 발돋움하다 |

(1) 올해의 공부 목표를 _____
└ 계획을 세우다.

(2) 세계적인 공업국으로 _____
└ 어떤 지향하는 상태나 위치 등으로 나아가다.

(3) 총 8명의 참가자가 결승에 _____
└ 어떤 방면으로 활동 범위나 세력을 넓혀 나아가다.

(4) 이 지역은 기온이 높고 비가 많이 와서 벼농사에 _____
└ 이익이 있다.

**3** 다음 문장에서 '차지하다'가 어떤 뜻으로 사용되었는지 번호를 쓰세요.

**차지하다**
① 사물이나 공간, 지위 등을 자기 몫으로 가지다.
② 비율, 비중 등을 이루다.

(1) 오빠가 간식을 모두 차지했다.
(2) 나는 조수석을 차지하기 위해 뛰었다.                    (          )
(3) 만화책은 책장에 꽂혀 있는 책의 20%를 차지한다.          (          )
(4) 내 방에서 자리를 가장 많이 차지하는 것은 침대다.        (          )

---

- **핵심을 파악하는 힘을 키워요!** 제목 정하기, 세부 내용 확인하기, 중심 내용 찾기 등의 문제를 통해 글의 핵심을 파악하는 힘을 키웁니다.

- **확장하여 생각하는 힘을 키워요!** 의견 나누기, 미루어 짐작하기, 다른 사례에 적용하기 등의 문제를 통해 확장하여 생각하는 힘을 키웁니다.

- **기본적인 뜻과 쓰임을 익혀요!** 새롭게 알게 된 낱말의 기본적인 뜻과 문맥 속에서의 쓰임을 익힙니다.

- **관련 어휘를 함께 공부해요!** 비슷하거나 반대의 뜻을 가지고 있는 말, 헷갈리는 말 등을 묶어서 공부하며 어휘력을 키웁니다.

## 이 책의 **차례**

# 바른답 · 알찬풀이

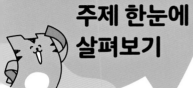

# 비문학 독해 과학편 ❶~❻

| | 주제1 | 주제2 | 주제3 | 주제4 | 주제5 |
|---|---|---|---|---|---|
| **1~2학년** ❶단계 | **주제1**<br>우리 주변의 식물<br><br>우리 주변에서 볼 수 있는 식물의 특징을 살펴보자. | **주제2**<br>나의 몸<br><br>눈, 귀, 코, 혀 등 우리 몸이 하는 일을 살펴보자. | **주제3**<br>계절과 날씨<br><br>우리나라 사계절의 특징과 날씨, 일기 예보에 대해 알아보자. | **주제4**<br>고마운 에너지<br><br>에너지의 뜻과 에너지를 절약하는 방법을 알아보자. | **주제5**<br>소중한 물<br><br>물의 세 가지 상태와 물의 중요성을 알아보자. |
| ❷단계 | **주제1**<br>우리 주변의 동물<br><br>우리 주변에서 볼 수 있는 동물의 특징을 살펴보자. | **주제2**<br>안전한 생활<br><br>우리가 질병이나 사고로부터 안전하게 생활할 수 있는 방법을 알아보자. | **주제3**<br>우리가 사는 지구<br><br>우리가 지구에서 사는 까닭과 지구에서 볼 수 있는 자연환경을 살펴보자. | **주제4**<br>소리의 세계<br><br>소리의 성질과 소음을 줄이는 방법을 알아보자. | **주제5**<br>물질의 성질<br><br>물체와 물질의 차이를 알아보고, 물질의 성질이 생활에 이용되는 예를 살펴보자. |
| **3~4학년** ❸단계 | **주제1**<br>동물 이야기<br><br>동물의 암수 구별과 배추흰나비와 개의 한살이에 대해 알아보자. | **주제2**<br>자석 이야기<br><br>자석의 성질을 알아보고, 일상생활에서 자석을 활용한 예를 살펴보자. | **주제3**<br>지구의 모습<br><br>지구의 탄생 과정과 지구의 다양한 모습에 대해 알아보자. | **주제4**<br>지표의 변화<br><br>물이나 바람 등에 의해 지표가 변하고 있는 여러 모습을 살펴보자. | **주제5**<br>물질의 상태<br><br>물질의 세 가지 상태의 특징을 이해하고, 물질을 세 가지 상태로 분류해 보자. |
| ❹단계 | **주제1**<br>지구의 변화<br><br>지층과 화석, 화산과 지진 등 지구의 변화에 대해 알아보자. | **주제2**<br>물체의 무게<br><br>저울의 원리를 알아보고, 무게와 질량의 차이점을 살펴보자. | **주제3**<br>그림자와 거울<br><br>빛을 이용한 정보 전달, 그림자와 거울에 대해 알아보자. | **주제4**<br>식물 이야기<br><br>꽃가루받이, 식물의 한살이, 사는 곳에 따른 식물의 특징 등을 살펴보자. | **주제5**<br>물질의 변화<br><br>물의 상태 변화로 일어나는 현상을 알아보고, 이를 활용한 예를 살펴보자. |
| **5~6학년** ❺단계 | **주제1**<br>다양한 기상 현상<br><br>대기 중에서 일어나는 다양한 기상 현상을 살펴보자. | **주제2**<br>다양한 생물과 환경<br><br>다양한 생물이 우리 생활과 환경에 어떤 영향을 주는지 알아보자. | **주제3**<br>신비한 우주<br><br>천체, 우주 탐사와 우주 개발에 대해 알아보자. | **주제4**<br>산과 염기 이야기<br><br>산과 염기의 특징을 이해하고, 우리 생활에서 이용되는 예를 알아보자. | **주제5**<br>온도와 열 이야기<br><br>온도와 열의 의미를 이해하고, 열의 이동 방법을 알아보자. |
| ❻단계 | **주제1**<br>전기 이야기<br><br>우리 생활을 편리하게 해 주는 전기에 대해 알아보자. | **주제2**<br>재미있는 기체 이야기<br><br>기체의 성질과 예를 살펴보고, 온도와 압력에 따른 기체의 부피 변화를 알아보자. | **주제3**<br>지구의 운동과 달의 운동<br><br>지구의 운동과 달의 운동에 의해 나타나는 자연 현상에 대해 배워 보자. | **주제4**<br>식물의 구조와 기능<br><br>식물은 어떤 구조로 이루어져 있으며, 각 기관이 하는 일을 살펴보자. | **주제5**<br>우리 몸의 구조와 기능<br><br>우리 몸속 기관이 하는 일과 자극이 전달되고 반응하는 과정 등을 알아보자. |

# ▌비문학 독해 사회편 ❶~❻ ▌

알고 싶은 주제, 재미있는 주제가 있다면
스스로 찾아 먼저 공부해도 좋아요!

| | 주제1 | 주제2 | 주제3 | 주제4 | 주제5 | 주제6 |
|---|---|---|---|---|---|---|
| **❶ 단계** | **작은 사회, 학교**<br><br>학교에서의 바르고 안전한 생활에 대해 알아보자. | **계절에 따라 다른 생활 모습**<br><br>사계절의 날씨와 특징, 생활 모습을 살펴보자. | **소중한 우리 가족**<br><br>옛날과 오늘날의 가족 형태, 호칭을 배워 보자. | **명절과 세시 풍속**<br><br>설날과 추석, 열두 달의 세시 풍속을 알아보자. | **자랑스러운 우리나라**<br><br>세계에 자랑할 만한 우리의 문화를 살펴보자. | |
| **❷ 단계** | **계절마다 다른 날씨**<br><br>날씨와 기후를 구분하고, 계절별 날씨를 살펴보자. | **사회 속의 나**<br><br>사회화, 직업 선택, 저축과 소비에 대해 배워 보자. | **소중한 가족**<br><br>가족의 형태, 가족 구성원의 역할 변화를 알아보자. | **우리 동네, 우리 고장**<br><br>공공시설, 사람들의 직업 등 고장의 모습을 살펴보자. | **세계의 여러 나라**<br><br>세계 여러 나라의 의식주 생활 모습을 살펴보자. | |
| **❸ 단계** | **우리가 사는 고장**<br><br>고장의 환경과 사람들의 생활 모습을 살펴보자. | **우리나라의 전통**<br><br>오늘날까지 이어져 온 우리의 전통을 알아보자. | **교통과 통신의 발달**<br><br>교통·통신의 발달로 나타난 생활의 변화를 알아보자. | **다양한 의식주 생활 모습**<br><br>자연환경에 따라 다른 다양한 생활 모습을 살펴보자. | **도구의 변화, 달라진 생활 모습**<br><br>여러 도구의 발달로 나타난 생활의 변화를 알아보자. | **오늘날의 가족 모습**<br><br>결혼식 모습과 다양한 가족 형태를 살펴보자. |
| **❹ 단계** | **지도 속 세상**<br><br>지도의 기본 요소, 지도의 이용에 대해 알아보자. | **사람들이 살아가는 곳**<br><br>삶의 터전으로서 도시와 촌락의 모습을 비교해 보자. | **소중한 문화유산**<br><br>우리나라의 소중한 문화유산을 살펴보자. | **공공 기관과 주민 참여**<br><br>공공 기관과 다수결의 원칙에 대해 배워 보자. | **경제 활동**<br><br>생산과 소비, 수요와 공급, 경제적 교류 등 경제 활동에 대해 알아보자. | **사회 변화로 나타난 생활 속 변화**<br><br>세계화, 정보화, 고령화 등으로 나타난 변화 모습을 살펴보자. |
| **❺ 단계** | **우리 국토의 위치와 영역**<br><br>우리나라의 위치와 영토, 영해, 영공으로 이루어진 영역을 살펴보자. | **우리나라의 자연환경**<br><br>우리나라 지형과 기후의 특징, 자연재해의 종류를 알아보자. | **우리나라의 인문 환경**<br><br>우리나라의 도시와 인구 성장, 산업과 교통 발달에 대해 배워 보자. | **인권을 존중하는 사회**<br><br>인권의 중요성과 인권을 지키기 위한 다양한 노력을 살펴보자. | **일상생활과 법**<br><br>헌법을 비롯하여 생활 속에서 접할 수 있는 다양한 법을 배워 보자. | |
| **❻ 단계** | **민주 정치의 발전**<br><br>우리나라의 민주 정치의 발전 과정과 선거에 대해 배워 보자. | **시장과 경제**<br><br>우리나라의 경제 성장 과정과 경제 교류의 모습을 살펴보자. | **세계의 자연환경**<br><br>세계 여러 나라의 국토 모습, 지형과 기후의 특징을 알아보자. | **세계 여러 지역의 삶의 모습**<br><br>우리와 가까운 나라들, 세계의 종교와 문화에 대해 배워 보자. | **살기 좋은 지구촌**<br><br>국제 분쟁과 환경 문제, 살기 좋은 지구를 만들기 위한 노력을 살펴보자. | |

주제

# 1

# 우리 국토의
# 위치와 영역

이번 주에 공부할 내용에 대한
주간 학습 계획을 세워 보세요.

# 우리 국토의 위치

**매체 독해** 다음 인터넷 검색 결과를 읽고, 물음에 답해 봅시다.

우리나라는 어디에 있나요?

우리 국토의 위치 ▶
우리 국토의 모습
우리 국토의 자연
묻고 답해요

**〉 우리나라의 위치**

우리나라는 동경 124°~132°, 북위 33°~43°에 위치해 있으며, 유라시아 대륙의 동쪽, 북태평양의 북서쪽에 있는 반도 국가이다. 북쪽으로는 중국, 러시아와 국경을 맞대고 있고, 대한 해협을 사이에 두고 일본과 마주하고 있다.

**〉 지도로 보기**

세계 〉 아시아 ▼ 〉 대한민국 ▼ · 수도표시

몽골, 러시아, 하얼빈, 중국, 베이징, 대한민국, 동해, 서울, 일본, 도쿄, 황해, 부산, 상하이

본초 자오선, 서경, 동경, 북위, 남위, 적도

---

**1** 우리나라의 위치에 대한 설명으로 옳은 것에는 ○표, 옳지 <u>않은</u> 것에는 ×표 하세요.

(1) 우리나라는 적도의 남쪽에 위치해 있다. ( )

(2) 북태평양의 북서쪽에 위치한 반도 국가이다. ( )

(3) 북쪽으로는 두 개의 나라와 국경을 맞대고 있다. ( )

(4) 우리나라와 일본 사이에는 황해와 대한 해협이 있다. ( )

**2** 우리나라와 가까운 곳에 위치한 나라가 <u>아닌</u> 곳은 어디인가요? ( )

① 몽골      ② 미국      ③ 일본

④ 중국      ⑤ 러시아

　한 국가의 위치는 해당 국가의 자연환경이나 역사, 문화, 국제 관계 등의 인문 환경에 영향을 주는 중요한 요소입니다. 위치란 일정한 장소에 차지하고 있는 자리로, 국가의 위치는 그 나라가 지구상에서 차지하고 있는 자리를 말합니다. 국가의 위치를 파악하면 그 국가의 지리적 특성과 주민 생활 모습을 알 수 있으며, 과거와 현재를 이해하고 미래 또한 설계할 수 있습니다.

　국토의 위치를 표현하는 방법에는 크게 세 가지가 있습니다. 수리적 위치는 위도와 경도를 사용하여 나타내는 위치이고, 지리적 위치는 대륙이나 해양, 섬 등을 기준으로 나타내는 위치이며, 관계적 위치는 주변 국가와의 관계로 나타내는 위치입니다. 이 중에서 수리적 위치와 지리적 위치는 고정된 것이기 때문에 ❶절대적 위치라고 하며, 관계적 위치는 시대나 주변 국가와의 관계에 따라 수시로 변하기 때문에 ❷상대적이고 ❸가변적인 위치라고 합니다.

　수리적 위치는 지구 표면상의 일정 지점을 가상의 선인 위선과 경선을 이용하여 표시한 위치로, 국가를 비롯한 지구상에 있는 특정한 대상의 위치를 정확하게 나타낼 수 있습니다. 우리 국토의 수리적 위치는 어떻게 나타낼 수 있을까요? 우리나라는 북위 33°에서 43°, 동경 124°에서 132° 사이에 위치해 있습니다. 이때 '북위'란 위도 0°인 적도 북쪽의 북반구에 있음을 뜻하며, '동경'이란 영국의 ❹그리니치 천문대를 지나는 경도 0°인 본초 자오선의 동쪽에 있음을 뜻합니다.

　지리적 위치로 보면 우리나라는 ❺유라시아 대륙의 동쪽에 있습니다. 또한, 국토의 삼면이 바다로 둘러싸여 있으며 태평양을 향해 뻗어 있는 반도 국가이기 때문에 대륙으로 나아가기에도, 해양으로 진출하기에도 유리합니다. 이러한 지리적 위치 때문에 우리나라는 예로부터 국제 무역과 문화 교류가 활발하였습니다.

　㉠ 관계적 위치는 주변 국가와의 정치적·경제적 관계에 따라 결정되는 위치로, 시대 상황과 국제 ❻정세에 따라 수시로 변화합니다. 우리나라는 대륙 세력과 해양 세력이 만나는 곳에 위치하고 있어 주변 국가의 영향을 많이 받았습니다. 그래서 과거에는 해양으로 진출하려는 중국, 대륙으로 진출하려는 일본의 침략을 받기도 하였습니다. 하지만 점차 경제가 성장하고 국가의 위상이 높아지면서 우리나라의 관계적 위치도 변화하였습니다. 현재 우리나라는 민주주의의 발전을 바탕으로 세계 여러 국가와 활발하게 교류하면서 ❼태평양 시대의 중심 국가로 발돋움하고 있습니다.

--------------------------------------------------------------

❶ **절대적**: 비교하거나 상대될 만한 것이 없는.
❷ **상대적**: 서로 맞서거나 비교되는 관계에 있는.
❸ **가변적**: 바꿀 수 있거나 바뀔 수 있는.
❹ **그리니치 천문대**: 경도의 기준이 되는 본초 자오선(경도 0°)이 지나는 영국의 천문대.
❺ **유라시아**: 유럽과 아시아를 아울러 이르는 이름.
❻ **정세**: 정치가 변해 가는 방향이나 되어 가는 형편.
❼ **태평양 시대**: 한국, 중국, 일본, 미국 등 태평양 연안의 국가가 세계의 중심으로서 역할을 하는 시대.

**1** 다음 빈칸에 들어갈 알맞은 낱말을 넣어 이 글의 제목을 완성하세요.

> 우리 국토의 (                    )

**2** 이 글의 설명 방법으로 알맞은 것은 어느 것인가요?                    (        )

① 공간을 이동해 가며 관찰한 내용에 따라 설명하였다.
② 서로 다른 대상을 비교하여 그 차이점을 설명하였다.
③ 시간이 흐르는 순서에 따라 나타나는 변화를 설명하였다.
④ 어떤 대상을 기준에 따라 몇 가지로 구분하여 설명하였다.
⑤ 권위 있는 기관의 조사 자료를 활용하여 자세히 설명하였다.

**3** 이 글을 읽고 답을 알 수 <u>없는</u> 질문은 어느 것인가요?                    (        )

① 위치란 무엇인가요?
② 우리 국토는 어디에 위치하고 있나요?
③ 국가의 위치를 통해 무엇을 알 수 있나요?
④ 국토의 위치를 나타내는 방법에는 무엇이 있나요?
⑤ 위치의 영향을 받은 우리나라 자연환경의 특징은 무엇인가요?

**4** 이 글에서 알 수 있는 내용으로 알맞지 <u>않은</u> 것은 어느 것인가요?                    (        )

① 우리나라의 관계적 위치는 국제 정세에 따라 변화하였다.
② 수리적 위치는 국토의 위치를 정확하게 나타낼 수 있는 방법이다.
③ 반도 국가는 다른 나라로 오고 가기 불리해 국가가 발전하기 어렵다.
④ 위도 0°는 적도를 지나고, 경도 0°는 영국의 그리니치 천문대를 지난다.
⑤ 한 국가의 위치는 해당 국가의 역사, 문화와 같은 인문 환경에 영향을 준다.

**5** 이 글에서 설명하고 있는 국토의 위치를 표현하는 방법을 모두 골라 ○표 하세요.

| 관계적 위치 | 문화적 위치 | 수리적 위치 | 역사적 위치 | 지리적 위치 |
|---|---|---|---|---|
| (　　　) | (　　　) | (　　　) | (　　　) | (　　　) |

**6** 우리 국토의 위치에 대해 바르게 설명한 것을 보기 에서 모두 고른 것은 어느 것인가요?

(　　　)

> 보기
> ㉠ 유라시아 대륙의 동쪽에 있다.
> ㉡ 북위 33°~43°, 동경 124°~132°에 위치해 있다.
> ㉢ 국토의 삼면이 바다로 둘러싸여 있으며 대서양을 향해 뻗어 있다.
> ㉣ 대륙으로 진출하기에는 유리하지만, 해양으로 진출하기에는 불리하다.

① ㉠, ㉡　　　② ㉠, ㉢　　　③ ㉡, ㉢
④ ㉡, ㉣　　　⑤ ㉢, ㉣

**7** ㉠의 특징을 바르게 설명한 것은 어느 것인가요?　　　(　　　)

① 위도와 경도로 나타낸다.
② 상대적이고 가변적인 위치이다.
③ 한 번 정해지면 변하지 않는 위치이다.
④ 적도와 본초 자오선을 기준으로 정해진다.
⑤ 대륙이나 해양, 섬 등을 기준으로 위치를 나타낸다.

**동아시아의 중심지, 대한민국**
우리나라는 아시아와 유럽 대륙으로 연결되며, 태평양을 통해 해양으로 진출할 수 있어서 해상 및 항공 교통의 중심지로서 성장하기에 유리한 환경을 가지고 있습니다. 우리나라는 이러한 위치적 장점을 살려 세계의 물자와 사람이 모여드는 동아시아의 중심 국가로 발돋움하고 있습니다.

**1** 다음의 뜻을 가진 낱말을 보기 에서 찾아 쓰세요.

| 보기 | 가변적 | 상대적 | 절대적 |
| --- | --- | --- | --- |

(1) 바꿀 수 있거나 바뀔 수 있는.      (          )

(2) 비교하거나 상대될 만한 것이 없는.      (          )

(3) 서로 맞서거나 비교되는 관계에 있는.      (          )

**2** 다음 빈칸에 들어갈 말의 뜻을 보고, 알맞은 낱말을 보기 에서 찾아 쓰세요.

| 보기 | 설계하다 | 유리하다 | 파악하다 | 발돋움하다 |
| --- | --- | --- | --- | --- |

(1) 올해의 공부 목표를 _____.
            └ 계획을 세우다.

(2) 세계적인 공업국으로 _____.
            └ 어떤 지향하는 상태나 위치 등으로 나아가다.

(3) 책을 통해 옳고 그름을 정확히 _____.
            └ 어떤 대상의 내용이나 본질을 확실하게 이해하여 알다.

(4) 이 지역은 기온이 높고 비가 많이 와서 벼농사에 _____.
            └ 이익이 있다.

**3** 다음 문장에서 '차지하다'가 어떤 뜻으로 사용되었는지 번호를 쓰세요.

차지하다 ① 사물이나 공간, 지위 등을 자기 몫으로 가지다.
② 비율, 비중 등을 이루다.

(1) 오빠가 간식을 모두 차지했다.      (          )

(2) 나는 조수석을 차지하기 위해 뛰었다.      (          )

(3) 만화책은 책장에 꽂혀 있는 책의 20%를 차지한다.      (          )

(4) 내 방에서 자리를 가장 많이 차지하는 것은 침대이다.      (          )

# 우리나라는 어디까지인가요

정답 확인
하루한장 앱에서 학습 인증하고 하루템을 모으세요!

**매체 독해** 다음 안내도를 보고, 물음에 답해 봅시다.

우리 국토 최남단 섬!
**마라도**

★ 살레덕 선착장
불턱
작지끝
벤치 언덕
마라도 등대
할망당(애기업개당)
마라도 교회
마라도 성당
화장실
신선 바위
마라분교
보건소
마라도 해양 경찰 ★
국토 최남단 기념비
자리덕 선착장
대문바위
태양광 발전소
팔각정 쉼터
기원정사
신작로 선착장

제주 서귀포시
모슬포항  송악산항
가파도
마라도

마라도는 모슬포항에서 11km, 가파도에서 5.5km 떨어진 우리나라 최남단 섬으로 섬 전체가 남북으로 긴 타원형이다. 해안은 기암절벽을 이루며 난대성 해양 동식물이 서식하고 주변 경관이 아름다운 천연기념물 423호이다.

(출처: 한국문화관광연구원)

**1** 마라도에 대한 설명으로 알맞은 것은 어느 것인가요? (      )

① 우리 국토의 남쪽 끝이다.　　　　② 제주도의 동쪽에 위치한다.
③ 북한에서 가장 가까운 섬이다.　　④ 두 개의 큰 섬으로 이루어져 있다.
⑤ 가파도보다 제주도에 더 가까이 있다.

**2** 마라도 관광을 준비하며 나눈 대화 중 <u>잘못된</u> 정보를 말한 사람을 쓰세요.

- 승우: 교회, 성당, 절 모두 있으니 각자 원하는 곳에 가서 기도를 해 볼까?
- 선하: 선착장이 여러 군데이니까 어디서 배를 타야 하는지 미리 알아 두자.
- 누리: 해변에 넓게 펼쳐진 해수욕장에서 모래성을 쌓고 놀면 좋을 것 같아.
- 하은: 우리 국토의 남쪽 끝에 온 기념으로 국토 최남단 기념비 앞에서 사진 찍자.

(      )

한 나라의 영역은 그 나라의 [1]주권이 미치는 범위를 말하며 영토, 영해, 영공으로 이루어집니다. 영토는 한 나라에 속한 땅, 영해는 바다, 영공은 하늘을 말합니다. 한 나라의 영역은 국민의 삶의 터전이자 국가가 존재하기 위한 기본 조건이며, 다른 나라가 함부로 들어오거나 침범할 수 없습니다. 우리나라는 북쪽으로 중국, 러시아와 맞닿아 있고, 바다를 사이에 두고 일본과 접해 있습니다. 이렇게 여러 나라에 둘러싸인 우리나라의 영역은 어디까지일까요?

영토는 한 나라의 주권이 미치는 땅의 범위로, 국가를 이루는 가장 기본적이고 중요한 영역입니다. 우리나라의 영토는 한반도와 한반도에 속한 여러 섬들로 이루어져 있습니다. 우리나라의 총면적은 약 22.3만 km²로 영국과 비슷하며, 이 중 남한만의 면적은 약 10만 km²입니다. 한편 우리나라는 서·남해안에 넓게 분포하는 갯벌을 간척하여 국토 면적을 넓혀 왔습니다.

영해는 한 나라의 주권이 미치는 바다의 범위로, [2]기선으로부터 12[3]해리까지입니다. 우리나라는 동해안에서는 썰물일 때의 해안선인 통상 기선을 기준으로 12해리, 해안선이 복잡하고 섬이 많은 서해안과 남해안에서는 가장 바깥에 위치한 섬들을 직선으로 연결한 선인 직선 기선을 기준으로 12해리를 적용하고 있습니다. 다만, 대한 해협에서는 우리나라와 일본의 거리가 가까워서 직선 기선에서 3해리까지만 영해로 설정하였습니다.

한편, 바다에는 영해 외에 [4]배타적 경제 수역이라는 영역이 있습니다. 배타적 경제 수역은 영해와는 달라서 국가의 영역에는 포함되지 않아 다른 나라의 선박이나 항공기가 자유롭게 통과할 수 있습니다. 하지만 이 범위 안에서는 인접 국가만이 어업 활동을 할 수 있으며, 천연자원을 탐사·개발·이용하는 권리 또한 인접 국가만이 가질 수 있습니다. 우리나라는 중국, 일본과 거리가 가까워 배타적 경제 수역이 겹치기 때문에 이를 조정하기 위해 [5]어업 협정을 체결하고, 중간에 겹치는 해역의 수산 자원은 공동으로 관리하고 있습니다.

영공은 영토와 영해의 수직 상공에 해당합니다. 영공은 일반적으로 대기권에 한정되며 대기권 밖의 우주 공간은 어느 국가든 자유롭게 이용할 수 있습니다. 하지만 영공 안에서는 다른 국가의 어떤 항공기도 허가 없이 비행할 수 없습니다. 영공은 과거에는 큰 의미를 갖지 못했으나, 최근에는 항공 교통과 우주 산업이 발달하고 군사적 중요성이 커지면서 관심이 높아지고 있습니다.

------------------------------------------------------------

[1] 주권: 국가의 의사를 최종적으로 결정하는 권력.

[2] 기선: 영해를 정할 때 적용하는 기준선.

[3] 해리: 바다 위에서의 거리를 나타내는 단위로, 1해리는 약 1,852 m임.

[4] 배타적 경제 수역: 영해 기준선부터 200해리까지의 바다에서 영해를 제외한 수역.

[5] 어업 협정: 두 나라 또는 여러 나라 사이의 협의에 따라 나라별, 어종별로 어획량 등을 결정하는 협정.

**1** 한 나라의 영역을 구성하는 세 가지 요소를 이 글에서 찾아 쓰세요.

(            ), (           ), (          )

**2** 이 글에서 알 수 있는 내용으로 알맞지 <u>않은</u> 것은 어느 것인가요? (     )

① 갯벌을 간척하면 영토를 넓힐 수 있다.

② 대기권 밖의 우주 공간에는 영공이 없다.

③ 남한의 국토 면적은 북한의 국토 면적보다 넓다.

④ 영토는 주권이 미치는 땅, 영공은 주권이 미치는 하늘이다.

⑤ 한 나라의 영역 안으로는 다른 나라의 교통수단이 함부로 들어갈 수 없다.

**3** 다음 그림에 표시된 ㉠~㉣이 나타내는 영역이 어디인지 쓰세요.

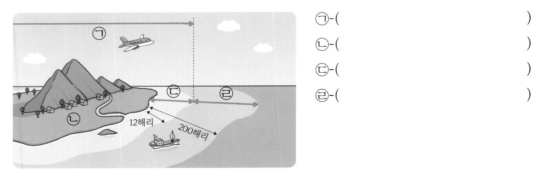

㉠-(           )

㉡-(           )

㉢-(           )

㉣-(           )

**4** 우리나라의 영해에 대한 설명으로 알맞지 <u>않은</u> 것은 어느 것인가요? (     )

① 우리나라의 주권이 미치는 바다의 범위이다.

② 동해안에서는 썰물일 때의 해안선을 기준으로 적용한다.

③ 서해안은 해안선이 복잡하여 직선 기선을 기준으로 적용한다.

④ 남해안은 일본과 거리가 가까워서 3해리까지만 영해로 설정하였다.

⑤ 다른 나라의 선박이나 항공기가 허가 없이 통과할 수 없는 영역이다.

**5** 다음 빈칸에 알맞은 말을 넣어 우리나라의 영역을 정리하세요.

| 영토 | • 한반도와 한반도에 속한 여러 섬들로 이루어짐.<br>• 총면적은 약 22.3만 km²이고, 남한만의 면적은 약 (　　　　　　) km²임. |
|---|---|
| 영해 | • 기선으로부터 (　　　　　　)해리까지의 바다로 정함.<br>• 동해안은 (　　　　　　) 기선, 서해안·남해안은 직선 기선을 기준으로 함. |
| 영공 | 영토와 영해의 (　　　　　　) 상공이며, 일반적으로 대기권에 한정됨. |

 **6** 우리나라의 영역을 침범한 경우에 해당하는 것은 어느 것인가요? 　　　　　　(　　　　)

① 러시아가 우주에 인공위성을 보내는 것
② 우리나라 비행기가 부산에서 제주도로 운항하는 것
③ 우리나라 영해에서 중국 어선이 어업 활동을 하는 것
④ 미국 비행기가 허가를 받고 우리나라 영공을 지나는 것
⑤ 일본 선박이 허가 없이 우리나라의 배타적 경제 수역을 통과하는 것

**7** 이 글을 읽고 짐작한 내용으로 알맞은 것은 어느 것인가요? 　　　　　　(　　　　)

① 우리나라 영해의 범위는 해안에 따라 다르게 적용되고 있다.
② 영공은 범위가 뚜렷하지 않아서 영토나 영해보다는 덜 중요하다.
③ 다른 나라 영해를 그냥 지나가기만 할 때는 허가 없이 통과해도 된다.
④ 우리나라 국민이라도 전국 여행을 할 때에는 나라의 허가를 받아야 한다.
⑤ 배타적 경제 수역 안에 있는 천연자원은 원하는 국가들이 모두 개발할 수 있다.

**배경 +지식 넓히기** **우리나라의 4극**
우리나라 영토의 끝은 어디일까요? 동서남북으로 정해 둔 우리 영토의 끝을 4극이라고 합니다. 우리나라의 동쪽 끝은 경상북도 울릉군 독도이며, 서쪽 끝은 북한에 있는 평안북도 용천군 마안도입니다. 남쪽 끝은 제주특별자치도 서귀포시 마라도이며, 북쪽 끝은 북한에 있는 함경북도 온성군 유원진입니다.

**1** 다음 낱말의 뜻으로 알맞은 것을 선으로 이어 보세요.

(1) 기선 •　　　　　　　• ㉠ 영해를 정할 때 적용하는 기준선.

(2) 주권 •　　　　　　　• ㉡ 바다 위에서의 거리를 나타내는 단위.

(3) 해리 •　　　　　　　• ㉢ 국가의 의사를 최종적으로 결정하는 권력.

**2** 다음 뜻풀이를 보고, 문장에 들어갈 알맞은 낱말을 골라 ○표 하세요.

(1) 엄마가 { 참가한 / 허가한 } 시간에만 컴퓨터 게임을 할 수 있다.
　　 └ 행동이나 일을 하도록 허용한

(2) 이번 사고는 중앙선을 { 시범한 / 침범한 } 차량 때문에 일어났다.
　　 └ 남의 영토나 지역에 함부로 들어간

(3) 내년에 마을을 { 통과하는 / 통제하는 } 넓은 도로가 건설될 예정이다.
　　 └ 어떤 곳이나 때를 거쳐서 지나가는

**3** 다음 두 낱말과 같은 의미 관계에 있지 <u>않은</u> 것을 골라 ○표 하세요.

(1) 인접 : 근접

| 민족 : 겨레 | 밀물 : 썰물 | 단서 : 실마리 |

(2) 넓히다 : 좁히다

| 복잡하다 : 단순하다 | 존재하다 : 실존하다 | 거절하다 : 허락하다 |

 **매체 독해** 다음 안내문을 보고, 물음에 답해 봅시다.

**DMZ 생태 사진전 개최 안내**

🌱 **생명의 땅, DMZ에 가다**

- 기간: 20○○. 4. 1. ~ 4. 30.
- 장소: □□박물관, 2층 전시실

비무장 지대(DMZ)는 6·25 전쟁 이후 설정한 곳으로, 휴전선으로부터 남과 북으로 각각 2 km에 이르는 지역입니다. 또 DMZ가 끝나는 지점에서 남쪽으로 5~20 km까지는 사람들의 출입을 제한하였습니다.

6·25 전쟁이 끝나고 70여 년이 지난 지금, 이곳은 멸종 위기종 101종을 포함한 5,929여 종의 다양하고 희귀한 생물들이 터를 잡은 새로운 보금자리가 되었습니다.

이번 DMZ 생태 사진전에서는 DMZ와 민간인 출입 통제선에 이르는 비무장 지대 일원에서 살아가는 동식물을 소개합니다. 두루미가 날아오르고, 산양이 뛰어노는 곳, 생명의 땅 DMZ를 느껴 보세요.

**1** 비무장 지대의 특징으로 알맞은 것을 모두 골라 ○표 하세요.

| 6·25 전쟁 이후에 생겨난 지역 | 다양한 동식물이 서식하는 생명의 보금자리 | 휴전선으로부터 20 km의 폭에 이르는 지역 |
|---|---|---|
| (          ) | (          ) | (          ) |

**2** 비무장 지대의 생태계가 가치 있는 까닭으로 알맞은 것은 어느 것인가요?   (          )

① 멸종 위기의 다양하고 희귀한 생물들이 많아서
② 오랜 세월 동안 사람들이 아름답게 꾸며 놓아서
③ 남한과 북한이 함께 통일을 준비하는 공간이라서
④ 세계에서 가장 많은 종류의 동식물이 살고 있는 곳이라서
⑤ 많은 사람이 모여 동물 보호 운동을 진행하고 있는 곳이라서

　우리나라에서 전쟁이 일어났었다는 사실을 알고 있나요? 많은 시간이 흘렀지만 우리나라에는 아직도 전쟁의 아픔을 간직한 곳이 남아 있습니다. 그곳은 바로 우리나라 ❶분단의 상징, 비무장 지대 (DMZ)입니다. 일본에게 주권을 빼앗겼던 우리나라는 1945년 광복을 맞이했습니다. 하지만 기쁨도 잠시, 미국과 소련이 우리나라에 ❷영향력을 행사하면서 38도선을 경계로 남한과 북한에는 각각 서로 다른 정부가 들어섰고, 1950년에는 북한이 무력을 앞세워 38도선을 넘어오면서 6·25 전쟁이 일어나게 되었습니다. 이 전쟁을 잠시 멈추면서 남한과 북한은 휴전선을 정하였고, 이 휴전선을 둘러싸고 남북한의 무력 충돌을 막기 위해 비무장 지대를 설정하였습니다.

　군사적 ❸완충 지대인 비무장 지대는 1953년 ❹정전 협정을 통해 남과 북이 ❺군사 분계선을 중심으로 각각 2 km씩 후퇴하면서 그 사이에 만들어진 특별한 공간입니다. 4 km의 폭으로 이루어진 비무장 지대의 총면적은 1,557 km²로 알려져 있습니다. 비무장 지대의 군사 분계선 가까이에는 판문점 공동 경비 구역이라는 특수 지역이 있는데 이곳은 남북 회담 장소, 남북 왕래 통과 지점 등으로 이용되고 있습니다. 또 비무장 지대 남쪽에는 군사 시설을 보호하고 보안을 유지하려는 목적에서 ❻민간인의 출입을 제한하는 민간인 통제 구역도 있습니다. 이곳에서는 허가된 범위 안에서 민간인들이 토지를 이용할 수 있기는 하지만, 인구 밀도가 낮고 개발이 억제되는 특수한 지역입니다.

　비무장 지대는 어떠한 군사 활동도 하지 않기로 약속한 지역으로, 남한과 북한의 어떤 군대도 머무를 수 없으며 군사 시설을 설치할 수 없고 어떤 누구도 무기를 휴대할 수 없습니다. 또한 군인이나 민간인 모두 허가 없이는 군사 분계선을 넘을 수 없습니다. 휴전 이후 평화가 유지되고 있기는 하지만 남한과 북한은 통일되지 못한 채 아직도 대립 상태에 있습니다. 그렇기 때문에 남한과 북한의 경계에 있으면서 무력 충돌을 방지하는 역할을 하는 비무장 지대는 매우 중요합니다.

　한편 비무장 지대는 출입이 제한되면서 지난 70여 년간 사람의 발길이 닿지 않아 생태적 가치가 높은 지역이 되었습니다. 비무장 지대 안에는 희귀 식물이나 습지와 같은 자연환경이 잘 보전되었으며 6,000여 종의 동식물이 서식하고 있습니다. 이는 한반도에 서식하는 동식물의 약 20%에 해당하며 두루미, 저어새, 수달, 산양 등 보호가 절실한 멸종 위기종 100여 종이 포함되어 있습니다. 이제 비무장 지대는 생태적 우수성과 평화의 상징성 등을 바탕으로 세계적인 생태·평화의 공간으로 거듭나고 있습니다.

--------------------------------------------------------------------------------

❶ **분단**: 한 나라나 민족이 둘 이상으로 나누어 갈라지는 것.
❷ **영향력**: 영향을 끼치는 힘.
❸ **완충**: 대립하는 것 사이에서 불화나 충돌을 누그러지게 함.
❹ **정전 협정**: 3년 동안에 걸친 6·25 전쟁의 전투 행위를 중지하기로 한 협정.
❺ **군사 분계선**: 전쟁을 하던 두 나라 사이의 협정에 따라 설정하는 군사 활동의 경계선.
❻ **민간인**: 관리나 군인이 아닌 일반 사람. 흔히 보통 사람을 군인에 상대하여 이르는 말.

**1** 이 글에서 설명하고 있는 대상이 무엇인지 쓰세요.

(             )

**2** 이 글에서 답을 알 수 <u>없는</u> 질문은 어느 것인가요?        (      )

① 비무장 지대는 어떻게 만들어졌나요?
② 비무장 지대를 설정한 까닭은 무엇인가요?
③ 비무장 지대를 처음 설정한 때는 언제인가요?
④ 비무장 지대에는 얼마나 많은 동식물이 살고 있나요?
⑤ 비무장 지대에 들어가기 위한 절차는 어떻게 이루어지나요?

**3** 비무장 지대를 표현하는 말로 알맞지 <u>않은</u> 것은 어느 것인가요?        (      )

① 군사적 완충 지대
② 우리나라 분단의 상징
③ 전쟁의 아픔을 간직한 곳
④ 무력 충돌을 막기 위한 공간
⑤ 세계적으로 알려진 생태 관광지

**4** 비무장 지대에 대한 설명으로 알맞지 <u>않은</u> 것은 어느 것인가요?        (      )

① 1953년에 정전 협정에 의하여 설정되었다.
② 공동 경비 구역이라는 특수 지역을 포함하고 있다.
③ 4 km의 폭으로 이루어져 있으며, 면적은 약 1,557 km²이다.
④ 비무장 지대의 남쪽 지역은 민간인이 자유롭게 오갈 수 있다.
⑤ 군사 분계선을 중심으로 남과 북이 2 km씩 후퇴하여 만들어졌다.

**5** 비무장 지대의 규정으로 알맞지 <u>않은</u> 것은 어느 것인가요? ( )

① 군사 시설을 설치할 수 없다.

② 무기를 가지고 있을 수 없다.

③ 무장한 병력이 머무를 수 없다.

④ 군사 활동을 통해 서로를 공격할 수 없다.

⑤ 민간인은 절대 군사 분계선을 넘을 수 없다.

**6** 다음 자료를 이용하여 만들 수 있는 비무장 지대(DMZ) 안내서의 제목으로 알맞은 것은 어느 것인가요? ( )

① 개발 가능성이 무궁한 DMZ  ② 남북 교류의 염원이 담긴 DMZ

③ 수많은 동식물의 보금자리 DMZ  ④ 한민족의 역사 유적을 품은 DMZ

⑤ 북녘땅을 가장 가까이서 바라볼 수 있는 DMZ

**7** 이 글을 읽은 후 지아의 반응입니다. 빈칸에 들어갈 알맞은 내용을 모두 골라 ○표 하세요.

비무장 지대에 대하여 잘 몰랐는데 이 글을 읽고 관심을 가지게 되었어. 비무장 지대라는 곳을 더 알아보기 위해서 _____에 대한 자료를 더 찾아보고 싶어.

| 비무장 지대에 어떤 동식물이 살고 있을지 ☐ | 통일이 되면 비무장 지대를 어떻게 활용할 수 있을지 ☐ | 6·25 전쟁이 일어난 원인과 참전했던 국가들 ☐ |

**1** 다음 밑줄 친 낱말의 뜻으로 알맞은 것을 선으로 이어 보세요.

(1) 민족 <u>분단</u>의 시련이 지속되고 있다.

(2) 이 지역은 <u>민간인</u>의 출입이 금지되어 있다.

(3) 그들은 <u>영향력</u>을 강화하고자 하는 움직임을 보였다.

㉠ 영향을 끼치는 힘.

㉡ 한 나라나 민족이 둘 이상으로 나누어 갈라지는 것.

㉢ 관리나 군인이 아닌 일반 사람. 흔히 보통 사람을 군인에 상대하여 이르는 말.

**2** 다음 문장에 들어갈 알맞은 낱말을 골라 ○표 하세요.

(1) 솔이는 ( 희귀 / 회귀 )한 성씨를 가지고 있다.
    그는 고향으로 ( 희귀 / 회귀 )한 친구를 기쁘게 맞이하였다.

(2) 비무장 지대는 군사적 ( 완충 / 고충 ) 지대이다.
    국민들의 ( 완충 / 고충 )을 완화하기 위해 방안을 마련하였다.

(3) 할아버지는 편안하게 ( 멸종 / 임종 )을 맞이하셨다.
    이 책은 ( 멸종 / 임종 ) 위기에 있는 동물에 대해 소개하고 있다.

**3** 다음 문장에서 '억제하다'가 어떤 뜻으로 사용되었는지 번호를 쓰세요.

억제하다

① 감정이나 욕망, 충동적 행동 등을 내리눌러서 그치게 하다.
② 정도나 한도를 넘어서 나아가려는 것을 억눌러 그치게 하다.

(1) 인아는 화를 <u>억제하지</u> 못하고 소리를 질렀다.          (        )
(2) 농가의 피해를 막기 위해서는 수입량을 <u>억제해야</u> 한다.          (        )
(3) 준호는 식욕을 <u>억제하지</u> 못하고 야식으로 치킨을 먹었다.          (        )
(4) 정부는 물가 상승을 <u>억제하기</u> 위해 강력한 대책을 내놓았다.          (        )

# 지역을 구분하는 다양한 방법

 **매체 독해** 다음 일기 예보를 보고, 물음에 답해 봅시다.

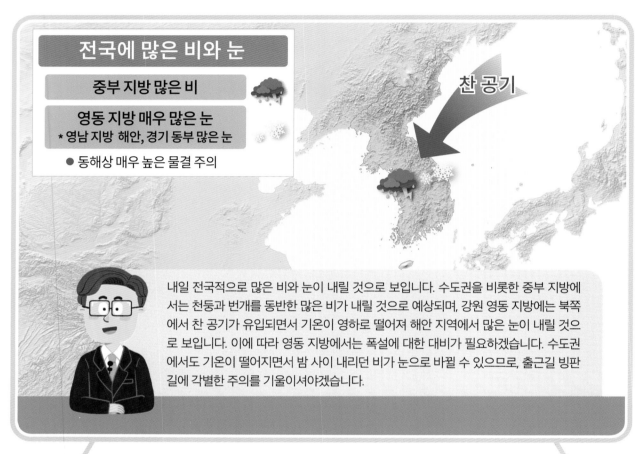

**전국에 많은 비와 눈**

중부 지방 많은 비

영동 지방 매우 많은 눈
* 영남 지방 해안, 경기 동부 많은 눈

● 동해상 매우 높은 물결 주의

찬 공기

내일 전국적으로 많은 비와 눈이 내릴 것으로 보입니다. 수도권을 비롯한 중부 지방에서는 천둥과 번개를 동반한 많은 비가 내릴 것으로 예상되며, 강원 영동 지방에는 북쪽에서 찬 공기가 유입되면서 기온이 영하로 떨어져 해안 지역에서 많은 눈이 내릴 것으로 보입니다. 이에 따라 영동 지방에서는 폭설에 대한 대비가 필요하겠습니다. 수도권에서도 기온이 떨어지면서 밤 사이 내리던 비가 눈으로 바뀔 수 있으므로, 출근길 빙판길에 각별한 주의를 기울이셔야겠습니다.

**1** 위 일기 예보에서 영동 지방이 가리키는 행정 구역은 어디인가요? (       )

① 부산　　　　　　　② 서울　　　　　　　③ 강원도
④ 경기도　　　　　　⑤ 전라도

**2** 위 일기 예보를 보고 알 수 있는 내용이 <u>아닌</u> 것은 어느 것인가요? (       )

① 찬 공기가 유입되면 기온이 낮아질 것이다.
② 전국 모든 지역에서 비나 눈이 내릴 것이다.
③ 영동 지방에는 한꺼번에 많은 눈이 내릴 것이다.
④ 수도권에서 출근 시간에 교통 정체가 발생할 것이다.
⑤ 천둥과 번개를 동반하여 내리는 비는 눈으로 바뀌지 않을 것이다.

　　일기 예보를 듣거나 우리나라의 어떤 지역에 관해 이야기할 때 '북부 지방'이나 '중부 지방', '영동 지방'이나 '호남 지방' 등과 같은 말을 들어 본 적이 있나요? 이는 우리 국토를 다양한 기준에 따라 여러 지역으로 구분하여 부르는 말입니다. 지역이란 다른 곳과 구별되는 특징이 나타나는 공간 범위 혹은 장소를 말하는데, 시대와 사회의 변화에 따라 구분 방법이 달라지기도 하고 필요나 목적에 따라 다양한 지역으로 구분하기도 합니다.

　　우리나라의 지역 구분은 크게 전통적 지역 구분과 ❶행정적 측면에 따른 지역 구분으로 살펴볼 수 있습니다. 전통적으로 우리나라는 큰 산맥이나 하천, 고개와 같은 지형을 기준으로 지역을 구분하였습니다. 옛날에는 높은 산과 고개, 큰 강이 사람들의 ❷왕래에 영향을 주었기 때문에 이를 기준으로 자연스럽게 ❸생활권이 나누어졌고, 나뉜 지역마다 고유한 특성이 나타났습니다. 우리나라를 북부 지방, 중부 지방, 남부 지방으로 구분할 때, 북부 지방은 멸악산맥의 북쪽 지역을 말하며, 중부 지방과 남부 지방은 금강 하류와 소백산맥을 잇는 선을 기준으로 하여 각각 북쪽 지역과 남쪽 지역을 말합니다. 이러한 자연환경에 따른 지역 구분은 오늘날 행정적인 측면과 함께 전국의 행정 구역을 정하는 기초가 되기도 하였습니다.

　　행정적 측면의 지역 구분은 나라를 효율적으로 관리하기 위하여 지역을 나눈 것으로, 현재 우리나라 행정 구역으로서의 도는 조선 시대의 8도에서 비롯된 것입니다. 조선 시대에는 태종 때 전국을 경기도, 충청도, 전라도, 경상도, 강원도, 황해도, 평안도, 함경도의 8도로 나누고 각 지역마다 관리를 파견하여 다스렸습니다. 이때 경기도를 제외한 도의 명칭은 지역 중심지의 이름에서 한 글자씩 따서 정하였습니다. 충청은 충주와 청주, 전라는 전주와 나주, 경상은 경주와 상주, 강원은 강릉과 원주, 황해는 황주와 해주, 평안은 평양과 안주, 함경은 함흥과 경성의 첫 글자를 딴 것입니다. 이때 ❹정립된 행정 구역은 현재 우리나라 행정 구역의 ❺근간이 되었습니다.

　　오늘날에는 행정 구역의 변화에 따라 각 지역에 해당하는 공간적인 범위가 변하기도 하였으나, 여전히 우리나라는 지역을 구분할 때 전통적 방식의 지역 구분과 행정적 측면의 지역 구분을 복합적으로 고려하고 있습니다. 현재는 북한 지역을 제외하고 1곳의 특별시, 1곳의 특별자치시, 6곳의 광역시, 8곳의 도, 1곳의 특별자치도로 행정 구역을 구분하고 있습니다.

------------------------------------------------------------------------------------

❶ **행정적**: 정치나 사무를 행하는.

❷ **왕래**: 가고 오고 함.

❸ **생활권**: 행정 구역과는 관계없이 통학이나 통근, 쇼핑, 오락 등의 일상생활을 하느라고 활동하는 범위.

❹ **정립**: 정하여 세움.

❺ **근간**: 사물의 바탕이나 중심이 되는 중요한 것.

**1** 이 글의 제목으로 알맞은 것은 어느 것인가요?　　　　　　　（　　　　）

① 우리나라의 지역 구분
② 지역 명칭의 변화 과정
③ 행정 구역 구분의 필요성
④ 행정 구역 명칭을 개편해야 하는 까닭
⑤ 조선 시대와 오늘날 행정 구역의 공통점

**2** 이 글의 설명 방법으로 알맞은 것은 어느 것인가요?　　　　　（　　　　）

① 공간의 이동에 따른 변화를 설명하였다.
② 여러 대상의 공통점과 차이점을 설명하였다.
③ 낱말의 뜻풀이를 중심으로 대상을 설명하였다.
④ 어떤 대상을 기준에 따라 분류하여 설명하였다.
⑤ 권위 있는 기관의 조사 자료를 활용하여 설명하였다.

**3** 우리나라의 전통적 지역 구분에서 가장 일반적인 기준은 어느 것인가요?　（　　　　）

① 기후　　　　　　　② 바다　　　　　　　③ 산맥
④ 성곽　　　　　　　⑤ 토양

**4** 오늘날 우리나라의 지역 구분에 대한 설명으로 알맞지 <u>않은</u> 것은 어느 것인가요? （　　　　）

① 하천이나 고개를 기준으로 행정 구역을 구분한다.
② 지리적 측면과 행정적 측면을 함께 고려하여 구분한다.
③ 전통적 지역 구분은 여전히 우리 생활에 영향을 미치고 있다.
④ 조선 시대 이후 정립된 행정 구역이 현재 행정 구역의 근간이 되었다.
⑤ 현재 특별시 1곳, 특별자치시 1곳, 광역시 6곳, 그리고 도 8곳과 특별자치도 1곳의 행정
구역이 있다.

**5** 다음 빈칸에 들어갈 알맞은 말을 이 글에서 찾아 쓰세요.

> 우리나라는 오래전부터 산이나 고개, 강과 같은 자연적인 요소를 기준으로 지역을 구분해 왔다. 우리나라를 북부 지방, 중부 지방, 남부 지방이라는 세 개의 지역으로 구분할 때, 북부 지방은 (                    )산맥의 북쪽 지역을 말하며, 중부 지방과 남부 지방은 (                    ) 하류와 소백산맥을 잇는 선을 기준으로 하여 각각 북쪽 지역과 남쪽 지역을 가리킨다.

**6** 지도에 표시된 ㉠~㉣ 행정 구역의 명칭을 쓰세요.

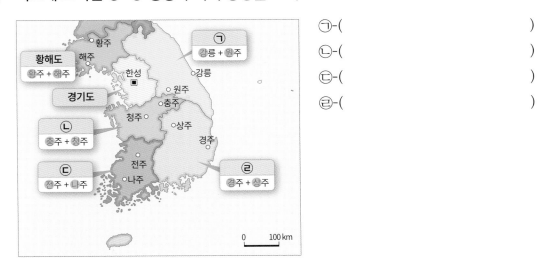

㉠-(                    )

㉡-(                    )

㉢-(                    )

㉣-(                    )

**7** 이 글을 읽고 짐작할 수 있는 내용으로 알맞은 것에는 ○표, 알맞지 <u>않은</u> 것에는 ×표 하세요.

(1) 우리나라에서 가장 큰 산맥은 소백산맥이다.                    (          )

(2) 지역을 구분하는 방법은 시간이 흐르면 변할 수도 있다.                    (          )

(3) '중부 지방', '호남 지방' 등은 국토를 행정적 편의에 따라 구분한 명칭이다. (          )

(4) 조선 시대의 지역 구분을 알면 우리나라의 행정 구역을 이해하는 데 도움이 된다.

(          )

**전통적 지역 구분**

지형을 기준으로 지역을 구분하였던 전통적 지역 구분은 오늘날 행정 구역을 정하는 기초가 되기도 하였습니다. 따라서 과거에 어떤 기준으로 지역을 구분하였는지 이해하면 오늘날의 지역 구분을 이해하는 데에도 도움이 됩니다.

**1** 다음 밑줄 친 낱말의 뜻을 보기 에서 찾아 기호를 쓰세요.

> 보기
> ㉠ 정하여 세움.
> ㉡ 가고 오고 함.
> ㉢ 사물의 바탕이나 중심이 되는 중요한 것.
> ㉣ 행정 구역과는 관계없이 통학이나 통근, 쇼핑, 오락 등의 일상생활을 하느라고 활동하는 범위.

(1) 제조업은 우리나라 경제의 근간이다. ( )
(2) 이 지역은 교통이 발달하여 사람의 왕래가 잦다. ( )
(3) 열차가 개통되어 두 지역은 1시간 생활권이 되었다. ( )
(4) 이번 교육을 통해 주권 행사에 대한 올바른 가치관을 정립할 수 있었다. ( )

**2** 다음 문장의 밑줄 친 낱말과 바꾸어 쓸 수 있는 것에 ○표 하세요.

(1) 친구의 특별한 사정을 고려하다.

| 격려하다 | 고유하다 | 헤아리다 |

(2) 그것은 순수한 호기심에서 비롯한 일이다.

| 끝맺은 | 비슷한 | 시작된 |

**3** 다음 문장에서 '수행하다'가 어떤 뜻으로 사용되었는지 번호를 쓰세요.

수행하다
① 생각하거나 계획한 대로 일을 해내다.
② 일정한 임무를 띠고 가는 사람을 따라가다.

(1) 우리는 작전을 수행하기 위한 회의를 진행했다. ( )
(2) 나영이는 자신에게 주어진 임무를 무사히 수행했다. ( )
(3) 열 명 정도의 경제인들이 대통령의 유럽 순방을 수행했다. ( )

가로세로 퍼즐을 완성하며, 주제1에서 공부한 용어의 뜻을
다시 한번 떠올려 봐요.

## 가로 열쇠

**❶** 한 나라의 주권이 미치는 땅의 범위. **예** 간척
사업으로 □□를 확장하다.

**❷** 영해 기준선부터 200해리까지의 바다에서 영
해를 제외한 수역.

**❺** 적도를 기준으로 남북의 위치를 나타내는 것.

**❼** 영국의 그리치니 천문대를 지나는 경도의 기준
이 되는 선.

**❾** 6·25 전쟁의 휴전으로 한반도의 가운데를 가
로질러 설정된 군사 경계선. **비슷** 38도선

**⓫** 우리 국토의 최남단에 있는 타원형 모양의 섬.

**⓬** 우리나라와 일본 사이에 있는 좁은 바다. **예** □
□ □□에서는 영해의 범위가 3해리까지이다.

## 세로 열쇠

**❶** 한 나라의 주권이 미치는 범위로, 영토, 영해,
영공으로 이루어짐.

**❸** 본초 자오선을 기준으로 동서의 위치를 나타내
는 것.

**❹** 위도와 경도를 사용하여 나타내는 위치.

**❻** 대한 해협을 사이에 두고 우리나라와 마주하고
있는 나라.

**❽** 영해 설정의 기준이 되는 선으로, 가장 바깥에
위치한 섬들을 직선으로 연결한 것.

**❿** 전주와 나주의 이름을 따서 만든 행정 구역명.

**⓭** 나라 사이의 협의에 따라 나라별, 어종별로 어
획량 등을 결정하는 협정.

# 동쪽이 높고 서쪽이 낮은 우리나라

정답 확인

하루한장 앱에서
학습 인증하고
하루템을 모으세요!

 다음 지형도를 보고, 물음에 답해 봅시다.

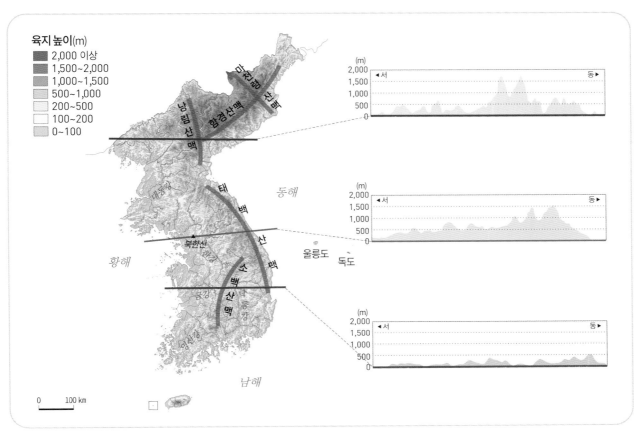

**1** 우리나라에서 가장 많은 면적을 차지하고 있는 지형은 어느 것인가요? ( )

① 갯벌       ② 산지       ③ 평야

④ 하천       ⑤ 호수

**2** 우리나라 지형의 특징으로 알맞지 <u>않은</u> 것은 어느 것인가요? ( )

① 국토의 삼면이 바다로 둘러싸여 있다.

② 태백산맥은 남북으로 길게 뻗어 있다.

③ 넓은 평야는 대부분 북쪽에 분포해 있다.

④ 동쪽이 높고 서쪽이 낮은 지형이 나타난다.

⑤ 대부분의 큰 하천은 서쪽과 남쪽으로 흘러간다.

(가) 지구의 땅속 깊은 곳에 있는 ❶맨틀은 고체이지만 가만히 있지 않고 계속 움직입니다. 맨틀이 움직이는 과정에서 어떤 힘이 작용하면 지구 표면의 ❷지각이 들려 올라와 땅이 되기도 하고, 산이 만들어지기도 합니다. 우리나라가 있는 한반도도 이러한 과정을 통해 현재의 모습이 되었습니다. 아주 오래전 맨틀이 움직이면서 한반도를 형성하였고, 시간이 흐르고 난 후 동해의 깊은 바닷속 암석을 밀어 올려 한반도의 동쪽과 북쪽에 높은 산이 솟아올랐습니다. 이렇게 하여 우리나라는 높은 산의 대부분이 동쪽과 북쪽에 모여 있고 서쪽에는 평야가 많은 지형이 되었습니다. 이러한 지형을 '㉠동고서저'라고 하는데, 이는 동쪽은 높고 서쪽은 낮다는 뜻입니다.

(나) 우리나라는 전체 국토 면적의 70 % 정도가 산지이며, 전체적으로 낮은 산지가 많은 편입니다. 백두산, 태백산맥과 같은 높은 산지는 북쪽과 동쪽에 치우쳐 있으며, 서쪽으로는 대부분 낮은 산지가 분포해 있습니다. 또한 동쪽으로 치우쳐서 남북으로 길게 뻗어 있는 태백산맥을 경계로 하여 동쪽으로는 ❸비탈이 심해 경사가 급하고, 서쪽으로는 경사가 비교적 완만히 낮아집니다. 산지의 모습에도 차이가 있는데 북한산, 설악산과 같이 커다란 바위가 드러나 있는 돌산이 있고, 지리산, 오대산과 같이 두터운 토양으로 덮인 흙산이 있습니다.

(다) 우리나라의 큰 하천은 대부분 황해와 남해로 흘러갑니다. 우리나라의 지형이 동쪽은 높고 서쪽이 낮기 때문에 태백산맥이 있는 산지에서 하천이 시작하여 서쪽이나 남쪽으로 흐르는 것입니다. 서쪽이나 남쪽으로 흐르는 하천은 길이가 길고 ❹유량이 풍부하지만, 동쪽으로 흐르는 하천은 길이가 짧고 유량이 적은 편입니다. 한편 하천은 흘러가면서 주변의 땅을 깎기도 하고, 돌이나 흙을 실어 나르거나 강 주변에 쌓기도 하면서 주변의 지형을 끊임없이 변화시키는데, 이는 하천의 길이가 길고 유량이 풍부한 곳에서 활발히 일어납니다. 이러한 까닭으로 우리나라는 서쪽과 남쪽에 넓은 평야가 발달하게 되었습니다. 한강 하류의 김포평야, 만경강과 동진강 하류의 호남평야, 낙동강 하류의 김해평야 등이 우리나라의 대표적인 평야입니다.

(라) 우리나라는 삼면이 바다로 둘러싸인 반도국으로, 해안의 모습은 저마다 다릅니다. 동해는 ❺수심이 깊고 해안선이 비교적 단조로운 반면, 남해안과 서해안은 해안선의 드나듦이 복잡하고 섬이 많습니다. 또한 동해안은 넓은 모래사장이 발달하였고 서해안은 넓은 갯벌이 분포하며, 남서 해안은 2천 개가 넘는 섬이 있는 세계적으로 유명한 ❻다도해입니다.

---

❶ **맨틀**: 지구 내부의 핵과 지각 사이에 있는 부분.
❷ **지각**: 암석으로 된 지구의 가장 바깥쪽을 차지하는 부분.
❸ **비탈**: 산이나 언덕 등이 기울어진 상태나 정도. 또는 그렇게 기울어진 곳.
❹ **유량**: 강물이 일정한 시간 동안 흐르는 양.
❺ **수심**: 강이나 바다, 호수 등의 물의 깊이.
❻ **다도해**: 섬이 많이 있는 바다의 일정한 구역.

**1** 다음 빈칸에 들어갈 알맞은 낱말을 넣어 이 글의 제목을 완성하세요.

우리나라 (                    )의 특징

**2** 이 글의 내용과 일치하는 것은 어느 것인가요?                    (        )

① 동해는 수심이 깊은 다도해이다.

② 우리나라는 국토의 70 % 이상이 평야이다.

③ 큰 하천은 대부분 서쪽에서 동쪽으로 흐른다.

④ 태백산맥을 경계로 동쪽과 서쪽의 경사가 다르다.

⑤ 우리나라는 서쪽과 남쪽에 높은 산지가 분포해 있다.

**3** (가)~(라)에 대한 설명으로 알맞지 <u>않은</u> 것은 어느 것인가요?                    (        )

① (가)에서는 한반도의 형성 과정을 설명하였다.

② (나)에서는 구체적인 예를 들어 지형의 종류를 설명하였다.

③ (다)에서는 차이점을 들어 각 지형의 특징을 설명하였다.

④ (라)에서는 같은 공간의 과거 모습과 현재 모습을 비교하여 설명하였다.

⑤ (가)~(라)에서는 우리나라 땅의 모양을 다양한 기준에 따라 나누어 설명하였다.

**4** 이 글에서 설명하고 있는 우리나라의 지형이 <u>아닌</u> 것은 어느 것인가요?                    (        )

① 산지                    ② 평야                    ③ 하천

④ 해안                    ⑤ 화산

**5** ㉠의 특징을 잘 드러내는 우리나라 지형의 단면도를 골라 ○표 하세요.

황해                    동해          황해                    동해          황해                    동해

(                    )          (                    )          (                    )

**6** 우리나라의 서쪽에 평야가 발달한 까닭으로 알맞은 것은 어느 것인가요? ( )

① 서쪽의 바다가 덜 짜기 때문에
② 서쪽에 대도시가 많이 분포하기 때문에
③ 과거에 산을 다 깎아서 논으로 만들었기 때문에
④ 하천이 동쪽에서 서쪽으로 흐르면서 기름진 흙을 쌓았기 때문에
⑤ 역사적으로 서쪽 지역 사람들이 더 오래전부터 벼농사를 지었기 때문에

**7** 이 글을 바탕으로 알 수 있는 내용으로 알맞지 <u>않은</u> 것은 어느 것인가요? ( )

① 서해안, 동해안, 남해안은 서로 다른 모습을 하고 있다.
② 북한산이나 설악산에 가면 바위가 드러난 모습을 볼 수 있다.
③ 하천의 길이가 길고 유량이 풍부하면 평야가 발달하기에 유리하다.
④ 하천은 흘러가면서 다양한 지형을 만들고 변화시키는 작용을 한다.
⑤ 한반도는 태백산맥이 만들어지고 난 뒤 오랜 시간에 걸쳐 형성되었다.

**8** 전국 여행을 계획하며 나눈 대화에서 바르게 말한 사람의 이름을 모두 쓰세요.

> • 서준: 우리나라는 산지가 많으니까 편한 운동화를 챙겨 가야지.
> • 윤아: 태백산맥에서 동해 쪽으로 가면 넓고 완만한 비탈로 내려갈 수 있어.
> • 선하: 남해안에 가면 세계적으로 유명한 다도해 해상 국립 공원에 가 볼 거야.
> • 하율: 산 정상에 있는 커다란 바위를 보고 싶으면 지리산이나 오대산으로 가야 해.

( )

**우리나라에서 볼 수 있는 다양한 지형**
우리나라는 산지가 국토에서 차지하는 비중이 커서 다양한 산지 지형이 발달해 있으며, 삼면이
바다로 둘러싸여 있어 각기 다른 해안의 모습도 살펴볼 수 있습니다. 또 제주도와 울릉도는 아주
오랜 옛날 화산이 폭발하여 형성된 섬이어서 독특한 지형이 나타납니다.

# 하루 어휘

**1** 다음 밑줄 친 낱말의 뜻을 보기 에서 찾아 기호를 쓰세요.

> 보기
> ㉠ 강이나 바다, 호수 등의 물의 깊이.
> ㉡ 섬이 많이 있는 바다의 일정한 구역.
> ㉢ 산이나 언덕 등이 기울어진 상태나 정도. 또는 그렇게 기울어진 곳.

(1) 산을 오를수록 비탈이 점점 가팔라졌다. ( )

(2) 이 계곡은 수심이 얕아 아이들이 놀기에도 좋다. ( )

(3) 유람선을 타고 다도해의 아름다운 경치를 감상했다. ( )

**2** 다음 문장에 들어갈 알맞은 낱말을 골라 ○표 하세요.

(1) 도시는 농촌에 비해 문화 시설이 { 진부한 / 풍부한 } 편이다.
　└ 넉넉하고 많은

(2) 연휴가 끝날 때까지는 도로가 계속 { 복잡할 / 적막할 } 것으로 예상된다.
　└ 복작거리어 혼란스러울

(3) 우리나라는 서울, 부산 등의 대도시에 인구가 집중적으로 { 내포해 / 분포해 } 있다.
　└ 일정한 범위에 흩어져 퍼져

**3** 다음 문장에서 '뻗다'가 같은 뜻으로 사용된 것을 선으로 이어 보세요.

> 뻗다
> ① 가지나 덩굴, 뿌리 등이 길게 자라나다.
> ② 길이나 강, 산맥 등의 긴 물체가 어떤 방향으로 길게 이어져 가다.
> ③ 오므렸던 것을 펴다.

(1) 산맥이 길게 뻗어 있다. ・ 　 ・ ㉠ 팔을 머리 위로 뻗으세요.

(2) 의자에 앉아 다리를 쭉 뻗었다. ・ 　 ・ ㉡ 고속 도로가 거미줄같이 사방으로 뻗어 있다.

(3) 감나무 한 그루가 가지를 길게 뻗고 있다. ・ 　 ・ ㉢ 담벼락에 담쟁이덩굴이 잔뜩 뻗어 있다.

# 2장 해안 생태계의 보고, 갯벌

정답 확인

하루한장 앱에서 학습 인증하고 하루템을 모으세요!

**매체 독해** 다음 지도를 보고, 물음에 답해 봅시다.

**1** 위 지도에서 알 수 있는 우리나라 해안의 특징으로 알맞은 것을 모두 골라 ○표 하세요.

| 동해안은 해안선이 비교적 단조롭다. | 서해안은 해안선이 복잡하고 섬이 없다. | 남해안은 크고 작은 섬이 많은 다도해이다. |
|---|---|---|
| (          ) | (          ) | (          ) |

**2** 위 지도를 보고 짐작할 수 있는 내용을 바르게 설명한 사람의 이름을 모두 쓰세요.

- 미래: 우리 국토는 남북으로 긴 모습을 하고 있어.
- 솔이: 우리나라는 어업 발달에 유리한 조건을 갖추고 있어.
- 하루: 해양 진출은 유리하지만, 대륙으로 진출하기에는 불리해.

(          )

　우리나라의 서해안과 남해안에서는 하루에 두 번 바닷물이 빠지면서 넓은 벌판이 드러나는데, 이 넓은 벌판을 갯벌이라고 합니다. 갯벌은 하천 등에서 흘러내려온 흙이나 모래 등이 해안에서 오랫동안 쌓여 형성됩니다. 우리나라의 서해안과 남해안은 해안선이 복잡하면서 해안의 경사가 완만하고 밀물과 썰물의 차이가 커서 갯벌이 잘 발달하였습니다. 특히 서해안에는 우리나라 전체 갯벌 면적의 약 83%가 분포해 있으며, 세계 5대 갯벌에 속할 정도로 큰 규모의 갯벌이 있습니다. (　가　)

　갯벌은 다양한 생물이 살아가는 생태계의 ❶보고입니다. 박테리아 같은 ❷미생물부터 어류와 조류 등 수많은 동식물이 살아가는 서식지이자 ❸산란지입니다. 갯벌은 육지에서 풍부한 ❹영양 염류가 유입되어 먹이가 많고, 바다와 육지가 만나는 곳에 있어서 서로 다른 생태계의 생물들이 살 수 있기 때문에 생물의 종류가 다양합니다. 우리나라 서해안과 남해안에 서식하는 어류는 약 200여 종이며 ❺갑각류는 250여 종, 연체동물은 200여 종이며, 이들을 먹고 사는 조류도 많이 서식합니다. 또 멸종 위기의 물새 중 약 47%가 우리나라 갯벌을 주요 서식지로 이용합니다. (　나　)

　갯벌은 바다가 오염되지 않게 보호하는 역할을 합니다. 빗물에 씻겨 바다로 흘러오는 각종 오염 물질을 걸러 주어 바다의 수질이 깨끗한 상태로 유지될 수 있게 해 줍니다. 또 갯벌은 육지와 바다가 만나는 곳에 있어서 태풍이나 해일로부터 해안 지역을 보호하고, 홍수가 났을 때 빗물 등을 흡수하여 바다로 천천히 흘려보내는 ❻완충지 역할을 합니다. (　다　)

　갯벌은 어민들에게는 삶의 터전이자 경제적 수단이 됩니다. 갯벌 가까이에 있는 어촌의 사람들은 갯벌에서 바지락, 주꾸미, 낙지, 굴 등의 수산 자원을 채취하여 이를 팔아 경제적 이익을 얻습니다. 또한 갯벌은 아름다운 경치를 제공하고 여가를 즐길 수 있게 하여 사람들의 마음을 안정시키는 데 도움을 주고, 갯벌을 체험하거나 새를 관찰하는 등 관광 자원으로 활용되기도 합니다. (　라　)

　그런데 이렇게 중요한 가치를 지닌 갯벌의 면적이 줄어들었다는 사실을 알고 있나요? 무분별한 간척 사업으로 인해 소중한 갯벌이 사라진 것입니다. 최근에는 갯벌의 가치가 주목받으면서 갯벌을 보전하기 위한 노력이 이루어지고 있습니다. 생태 환경이 우수한 갯벌을 습지 보호 구역으로 지정하여 보호하고, ⃞ ㉠ ⃞ 된 갯벌의 본래 기능을 되살리는 복원 사업을 진행하기도 합니다. 현재까지 우리나라 갯벌 중 14곳이 습지 보호 구역으로 지정되었고, 그중 순천만 갯벌은 오래전에 매립하여 농경지와 주차장 등으로 사용하던 것을 허물고 갈대밭과 갯벌로 복원하고 있습니다. (　마　)

---

❶ **보고**: 온갖 귀중한 것이 간직되어 있는 곳.

❷ **미생물**: 맨눈으로 볼 수 없는 아주 작은 생물.

❸ **산란지**: 알을 낳는 곳.

❹ **영양 염류**: 바닷물 속의 규소, 인, 질소 등의 염분이 들어 있는 물질을 통틀어 이르는 말.

❺ **갑각류**: 게, 가재, 새우 등과 같이 몸이 여러 마디로 되어 있고 딱딱한 껍데기로 싸여 있는 물속 동물.

❻ **완충지**: 급하고 거센 충격을 약하게 하는 지역.

**1** 이 글의 중심 낱말은 무엇인지 쓰세요.

(                                              )

**2** 글쓴이가 이 글을 통해 전하려는 내용으로 알맞은 것은 어느 것인가요?　　　(　　　)

① 갯벌의 생태적 가치를 보전하기 위해 노력하자.
② 갯벌을 매립하여 우리나라의 영토를 확장해 나가자.
③ 갯벌의 다양한 자원을 활용하여 관광지로 발전시키자.
④ 갯벌의 태풍 피해를 방지하기 위한 안전장치를 마련하자.
⑤ 갯벌에 사는 바다 생물을 보호하기 위하여 채취를 금지하자.

**3** 갯벌을 표현한 말로 알맞지 <u>않은</u> 것은 어느 것인가요?　　　　　　　(　　　)

① 해양 생태계의 보고　　　　　　　　② 어촌 주민들의 삶의 터전
③ 육지와 바다가 만나는 곳　　　　　　④ 밀물과 썰물의 차이가 작은 곳
⑤ 바닷물이 빠지면 드러나는 넓은 벌판

**4** 이 글에서 알 수 있는 갯벌의 기능이 <u>아닌</u> 것은 어느 것인가요?　　　　(　　　)

① 바다를 깨끗한 상태로 유지해 준다.
② 비를 많이 내리게 하는 역할을 한다.
③ 다양한 생물들의 서식지이자 산란지이다.
④ 사람들의 마음을 안정시키는 데 도움을 준다.
⑤ 해안가 어민들이 경제적 이득을 얻는 수단이다.

**5** 글의 흐름상 ㉠에 들어갈 낱말로 알맞은 것은 어느 것인가요?　　　　　(　　　)

① 발전　　　　　　　② 보전　　　　　　　　③ 확대
④ 회복　　　　　　　⑤ 훼손

**6** 다음 내용이 들어가기에 알맞은 곳은 (가)~(마) 중에서 어디인가요? (          )

> 특히 서남 해안 갯벌은 섬과 갯벌이 어우러진 아름다운 경치를 자랑하여 소중한 관광 자원이 됩니다. 이러한 갯벌의 다양한 기능을 경제적 가치로 따지면 연간 총 16조 원에 이른다는 연구 결과가 있을 만큼 갯벌은 경제적 가치가 큽니다.

① ( 가 )  ② ( 나 )  ③ ( 다 )
④ ( 라 )  ⑤ ( 마 )

**7** 우리나라의 갯벌에 대한 설명으로 알맞은 것에는 ○표, 알맞지 <u>않은</u> 것에는 ×표 하세요.

(1) 서해안에는 우리나라 전체 갯벌 면적의 약 83 %가 분포해 있다.  (          )
(2) 현재까지 우리나라 갯벌 중 5개가 습지 보호 구역으로 지정되었다.  (          )
(3) 순천만 갯벌은 기존 갯벌을 매립해 지금까지 농경지로 이용하고 있다.  (          )
(4) 멸종 위기의 물새 중 약 47 %가 우리나라 갯벌을 주요 서식지로 이용한다. (          )

**8** 이 글을 읽은 후의 반응으로 알맞은 것은 어느 것인가요? (          )

① 가은: 갯벌을 메워 간척지로 만들어 활용했구나.
② 나윤: 갯벌은 주차장으로 사용하기에는 알맞지 않았구나.
③ 서준: 갯벌의 가치를 알고 보호하기 시작한 지는 아주 오래되었어.
④ 승우: 갯벌을 더욱 쓸모 있는 다른 종류의 땅으로 바꾸는 것이 좋겠어.
⑤ 지환: 갯벌 주변의 어민과 국토 개발자들 사이의 대립이 매우 심했구나.

**우리나라의 갯벌**

서해안과 남해안에 있는 갯벌의 면적은 우리나라 전체 면적의 약 2.4 %에 달합니다. 서해안에는 전체 갯벌 면적의 약 83 %인 1,980 km²가 있고, 나머지는 남해안에 있습니다. 지역별로는 경기와 인천, 전라남도 지방에 있는 갯벌이 우리나라 갯벌의 약 80 %를 차지하고 있습니다.

**1** 다음 빈칸에 들어갈 말의 뜻을 보고, 알맞은 낱말을 보기 에서 찾아 쓰세요.

> 보기          갑각류          미생물          산란지

(1) 이 해안은 바다거북의 _____로 알려져 있다.
└ 알을 낳는 곳.

(2) 과학 시간에 현미경으로 _____을/를 관찰하였다.
└ 맨눈으로 볼 수 없는 아주 작은 생물.

(3) 누리는 바닷가재, 새우와 같은 _____로 만든 요리를 좋아한다.
└ 게, 가재, 새우 등과 같이 몸이 여러 마디로 되어 있고
딱딱한 껍데기로 싸여 있는 물속 동물.

**2** 다음 문장의 밑줄 친 낱말과 바꾸어 쓸 수 있는 것에 ○표 하세요.

(1) 스펀지가 물기를 흡수하다.

| 내보내다 | 배출하다 | 빨아들이다 |

(2) 낡은 담장을 허물고 새롭게 단장하다.

| 짓고 | 부수고 | 세우고 |

(3) 밀림에서 서식하는 동식물을 살펴보자.

| 사는 | 떠나는 | 이주하는 |

**3** 다음 빈칸에 들어갈 알맞은 낱말을 선으로 이어 보세요.

(1) 이 식물원은 _____이 넓다.     •          • ㉠ 이익

(2) 가게를 운영하여 큰 _____을 보았다.     •          • ㉡ 면적

(3) 그림은 그의 생각을 표현하는 _____이다.     •          • ㉢ 수단

# 기후가 변화하고 있어요

 **매체 독해** 다음 포스터를 보고, 물음에 답해 봅시다.

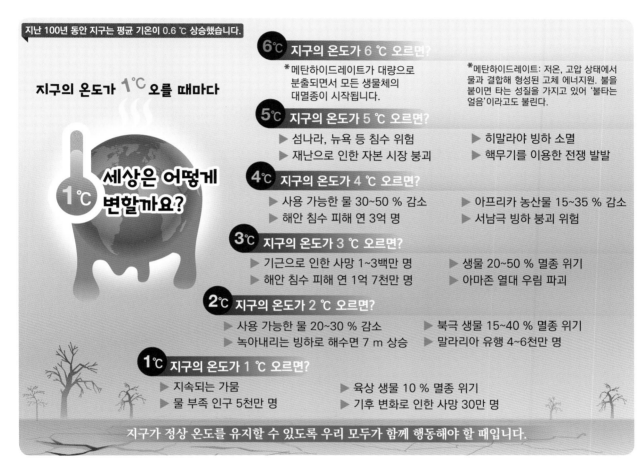

**1** 지구의 온도가 올랐을 때 나타날 수 있는 변화로 알맞지 않은 것은 어느 것인가요? ( )

① 지구의 온도가 1 ℃ 오르면 히말라야에 있는 빙하가 소멸한다.

② 지구의 온도가 2 ℃ 오르면 빙하가 녹아내려 해수면이 7 m 상승한다.

③ 지구의 온도가 3 ℃ 오르면 생물의 20~50 %가 멸종 위기에 처한다.

④ 지구의 온도가 4 ℃ 오르면 사용 가능한 물이 30~50 % 감소한다.

⑤ 지구의 온도가 6 ℃ 오르면 지구상의 모든 생물체가 멸종하기 시작한다.

**2** 위의 포스터에서 전달하고자 하는 내용을 찾아 ○표 하세요.

| 대멸종에 대비하여 여러 생물의 종을 보전하자. | 지구의 온도가 상승하지 않도록 모두 함께 노력하자. | 지구 온도 상승을 초래한 국가에서 문제를 해결하자. |
|---|---|---|
| ( ) | ( ) | ( ) |

　극심한 더위와 추위, 잦은 태풍과 폭우, 수시로 찾아오는 황사…. 최근 나타나고 있는 이러한 기후 변화가 느껴지나요? 기후 변화란 기후의 평균 상태가 변화하는 것을 말합니다. 기후 변화는 태양 에너지 변화, 지구 공전 ❶궤도 변화, 화산 활동 등과 같은 자연적 원인과 ❷온실가스 배출, 토지 이용 등의 인위적 원인에 의해 발생합니다. 이러한 기후 변화가 너무 심해서 피해가 일어나는 현상을 '이상 기후'라고 하는데, 보통 한 달 이상에 걸쳐서 날씨가 ❸평년과는 다르게 한쪽으로 치우쳐 매우 높거나 낮게 나타나 사회나 사람의 목숨에 중대한 영향을 끼치게 됩니다.

　최근 우리나라의 30년 동안 기후 특성을 살펴보면, 여름은 점점 더워지고 겨울은 점점 추워지는 기후 변화가 나타나고 있습니다. 또 폭염 일수가 증가하고, 여름에 비가 내리는 기간도 점점 늘어나고 있습니다. 열대 지방에서나 볼 수 있는 ❹스콜처럼 갑자기 세찬 비가 쏟아져 내리기도 합니다. 그래서 기후학자들은 우리나라가 점점 열대 기후로 변하고 있다고 말하기도 합니다. 이와 함께 여름철 무더위와 집중호우, 겨울철 폭설과 한파와 같은 이상 기후가 나타나고 있습니다.

　전 세계적인 기후 변화와 이상 기후에 가장 큰 영향을 주는 것은 지구 온난화입니다. 지구 온난화는 지구의 평균 기온이 상승하는 현상으로, 지구를 감싸고 있는 대기 중에 이산화탄소, 메탄 등과 같은 온실가스가 지나치게 많아지면서 발생합니다. 이러한 지구 온난화의 원인으로는 무분별한 ❺벌채로 인한 삼림 파괴, 과도한 산업 활동에 의한 온실가스 등의 오염 물질 배출 증가 등을 꼽을 수 있습니다.

　기후 변화는 오늘날 인류 전체가 해결해야 할 가장 중요한 문제입니다. 지구 온난화로 극지방의 빙하가 녹아 해수면이 상승하고 있으며, 각종 농작물의 재배 지역이 점점 북쪽으로 올라가고 있습니다. 또, 지구 한편에서 홍수가 발생할 때 다른 한편에서는 비가 오지 않아 가뭄에 시달리기도 합니다. 기후 변화는 우리의 일상에도 많은 영향을 주고 있습니다. 폭염과 폭우로 ❻인명과 재산 피해가 늘고, 갈수록 더워지는 날씨와 강렬한 자외선에 외출이 힘든 사람도 늘고 있습니다.

　기후 변화를 해결하기 위해 세계의 주요 국가들은 온실가스의 ❼감축 및 규제를 위하여 국제 간 협약을 맺는 등 국가적 차원에서 노력하고 있습니다. 우리도 일상생활 속에서 에너지 사용을 줄이고 대중교통을 이용하는 등의 다양한 방법을 실천해 보면 어떨까요?

---

❶ 궤도: 행성, 혜성, 인공위성 등이 중력의 영향을 받아 다른 천체의 둘레를 돌면서 그리는 곡선의 길.
❷ 온실가스: 지구 대기를 오염시켜 온실 효과를 일으키는 가스를 통틀어 이르는 말.
❸ 평년: 일기 예보에서, 지난 30년간의 기후의 평균적 상태를 이르는 말.
❹ 스콜: 적도 부근의 열대 지방에서 강렬하게 내리쬐는 햇빛 때문에 발생하여 내리는 세찬 소나기.
❺ 벌채: 나무를 베어 내거나 깎아 냄.
❻ 인명: 사람의 목숨.
❼ 감축: 덜어서 줄임.

**1** 이 글의 중심 낱말은 무엇인지 쓰세요.

(                    )

**2** 이 글에서 답을 알 수 <u>없는</u> 질문은 어느 것인가요? (        )

① 기후 변화란 무엇인가요?
② 지구 온난화란 무엇인가요?
③ 이상 기후의 의미는 무엇인가요?
④ 기후 변화가 우리 생활에 주는 피해는 무엇인가요?
⑤ 온실가스를 감축하기 위해 맺은 국제 협약의 이름은 무엇인가요?

**3** 최근 우리나라에서 나타나고 있는 기후 변화로 알맞은 것은 어느 것인가요? (        )

① 여름에 비가 오는 날이 점점 줄어들고 있다.
② 여름에 스콜처럼 갑자기 세찬 비가 쏟아진다.
③ 봄, 여름, 가을, 겨울의 사계절이 고르게 나타난다.
④ 추운 날이 많아져 겨울철의 기간이 늘어나고 있다.
⑤ 산꼭대기의 눈이 녹아 내려 홍수가 자주 발생하고 있다.

**4** 다음 지도를 이용해 설명할 수 있는 기후 변화의 영향은 어느 것인가요? (        )

① 여름이 점점 길어지고 있다.
② 폭우로 재산 피해가 증가하고 있다.
③ 과도한 작물 재배로 삼림이 파괴되고 있다.
④ 농작물의 재배 지역이 점점 북쪽으로 올라가고 있다.
⑤ 강렬한 자외선 때문에 외출이 힘든 사람이 늘고 있다.

**5** 지구 온난화의 원인을 보기 에서 모두 고른 것은 어느 것인가요? ( )

> 보기
> ㉠ 무분별한 벌채로 인한 삼림 파괴
> ㉡ 무더위, 폭설과 같은 이상 기후 현상 증가
> ㉢ 극지방의 빙하가 녹으면서 나타난 해수면 상승
> ㉣ 과도한 산업 활동에 의한 온실가스 등의 오염 물질 배출 증가

① ㉠, ㉡  ② ㉠, ㉣  ③ ㉡, ㉢
④ ㉡, ㉣  ⑤ ㉢, ㉣

**6** 이 글을 읽고 내용을 발표할 때 사용할 자료로 알맞지 <u>않은</u> 것은 어느 것인가요? ( )

① 넓은 평야 지역에서 벼농사를 짓는 사진
② 폭염으로 아스팔트가 녹아 휘어진 도로 사진
③ 해수면이 상승하여 국토가 물에 잠기고 있는 섬나라 영상
④ 제주도에서 열대 과일인 망고, 리치, 파파야를 생산하는 사진
⑤ 빙하가 녹아 북극곰이 육지를 찾지 못해서 생명을 위협받는 영상

**7** 온실가스 배출을 줄이기 위한 생활 속 실천 방법을 말한 사람을 모두 쓰세요.

> • 혜린: 대중교통 대신 되도록 자가용을 이용해야 해.
> • 서윤: 한 번 사용한 제품은 다시 사용하지 말아야 해.
> • 준혁: 사용하지 않는 전기 제품의 플러그는 뽑아 두어야 해.
> • 유민: 겨울철에 너무 온도를 높이지 말고 적정 실내 온도를 유지해야 해.

( )

**우리나라의 기후 변화**
우리나라의 기온은 지구의 평균보다 더 많이 높아지고 있습니다. 전 지구의 평균 온도가 1880~2012년 동안 0.85 ℃ 높아진 반면, 우리나라는 1912~2017년에 약 1.8 ℃ 상승했습니다. 지금 같은 추세로 온실가스가 배출된다면 우리나라의 연평균 기온은 21세기 말 최대 4.7 ℃ 정도가 높아질 것으로 전망됩니다.

**1** 다음 밑줄 친 낱말의 뜻으로 알맞은 것을 선으로 이어 보세요.

(1) 올 여름 기온은 평년보다 조금 높을 예정이다. •

• ㉠ 사람의 목숨.

(2) 큰 화재 사고가 났지만 다행히 인명 피해는 없었다. •

• ㉡ 덜어서 줄임.

(3) 오늘은 내년 예산 감축에 대한 논의를 진행하겠습니다. •

• ㉢ 지난 30년간의 기후의 평균적 상태를 이르는 말.

**2** 다음 빈칸에 들어갈 알맞은 낱말을 보기 에서 찾아 쓰세요.

> 보기    강렬하다    선언하다    시달리다    치우치다

(1) 눈을 뜰 수 없을 만큼 햇빛이 _____.

(2) 설날 연휴 내내 사촌 동생들에게 _____.

(3) 버스가 길모퉁이를 돌자 몸이 옆으로 _____.

(4) 이번 대회에 출전하지 않겠다고 공식적으로 _____.

**3** 주어진 뜻을 참고하여 다음 글자가 포함된 낱말을 빈칸에 쓰세요.

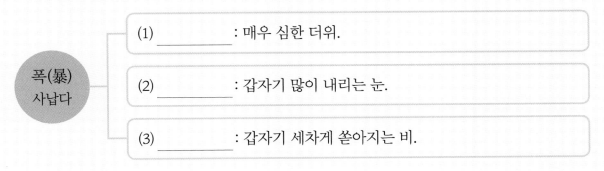

폭(暴)
사납다

(1) _____ : 매우 심한 더위.

(2) _____ : 갑자기 많이 내리는 눈.

(3) _____ : 갑자기 세차게 쏟아지는 비.

# 4장 우리에게 피해를 주는 자연재해

**매체 독해** 다음 뉴스 화면을 보고, 물음에 답해 봅시다.

**우리나라도 더 이상 지진 안전지대가 아니다**

지난 14일 제주 서귀포시 해역에서 규모 4.9의 지진이 발생했습니다. 이 지진은 제주 인근 해역에서 발생한 역대 최대 규모의 지진으로, 섬 전체가 흔들릴 정도였다고 합니다. 다행히 피해는 작은 편이었습니다.

그간 한반도는 유라시아 대륙판의 안에 있어서 지진으로부터 안전하다고 여겨졌지만 2016년에 있었던 경주 지진, 2017년 포항 지진 이후로도 지난 2년간 크고 작은 지진이 150여 회 발생하면서, 이제 우리나라도 더 이상 '지진 안전지대'가 아니라는 목소리가 커지고 있습니다.

---

**1** 위 뉴스에서 알 수 있는 내용으로 알맞은 것은 어느 것인가요? (        )

① 우리나라에서는 옛날부터 지진이 자주 일어났다.

② 우리나라는 지진으로부터 안전한 지역에 위치해 있다.

③ 경주, 포항, 제주도에서 일어난 지진의 발생 원인은 모두 다르다.

④ 14일에 일어난 지진은 제주도 해역에서 발생하였지만 섬에도 영향을 미쳤다.

⑤ 14일에 일어난 지진은 우리나라 역대 최대 규모의 지진으로 피해가 큰 편이었다.

**2** 위 뉴스에 보충 자료로 쓰면 좋을 화면을 모두 골라 ○표 하세요.

| 지진이 발생하여 좌우로 흔들리는 건물의 모습을 담은 영상 | 오랜 가뭄으로 농작물 피해를 입은 농촌 사람들의 인터뷰 영상 | 유라시아 대륙판 안쪽에 위치한 우리나라의 모습을 보여 주는 지도 자료 |
|---|---|---|
| (        ) | (        ) | (        ) |

자연은 인간이 살아가는 데 필요한 많은 것들을 제공해 주지만, 한순간에 우리의 모든 것을 앗아 갈 수 있는 위협이 되기도 합니다. 특히 무분별한 개발로 자연환경이 훼손되면서 자연이 주는 위협이 증가하고 있습니다. 이처럼 인간을 위협하는 자연 현상을 자연재해라고 하는데, 이는 기후적 요인으로 발생하는 자연재해와 지형적 요인으로 발생하는 자연재해로 구분할 수 있습니다.

기후적 요인에 의한 자연재해로는 홍수, 가뭄, 폭설, ❶열대 저기압 등이 있습니다. 홍수는 일시에 많은 비가 내릴 때 발생하며, 농경지와 건물 등을 침수시켜 인명 및 재산에 피해를 줍니다. 반면 가뭄은 오랫동안 비가 내리지 않아 발생합니다. 가뭄이 심하면 농작물이 말라 죽어 식량이 부족해지고 식수와 각종 ❷용수가 부족해집니다. 폭설은 갑자기 많은 양의 눈이 내리는 것으로, 교통 혼란을 초래하고 비닐하우스와 같은 약한 구조물을 붕괴시킵니다. 태풍, 허리케인 등으로 불리는 열대 저기압은 강한 바람과 많은 비를 동반하여 큰 피해를 줍니다.

지형적 요인에 의한 자연재해로는 대표적으로 지진과 화산 활동이 있습니다. 지진이 발생하면 땅이 갈라지고 흔들리면서 건물과 도로 등이 붕괴하여 짧은 시간에 많은 인명 피해와 재산 피해를 줍니다. 또한 바다 밑에서 지진이 발생하면 대규모의 ❸지진 해일이 일어나 거대한 파도가 해안을 덮쳐 큰 피해를 주기도 합니다. 화산 활동이 일어나면 용암과 ❹화산재 등이 분출되면서 농작물과 주거지 등을 덮치기도 하고, 화재가 발생하기도 합니다. 특히 화산재는 바람을 타고 먼 곳까지 이동하여 다른 지역에도 피해를 주고, 항공기 운항에 지장을 초래합니다.

자연재해를 완벽히 막아내기는 어렵지만, 자연재해로 인한 피해를 줄이기 위해 노력하고 있습니다. 댐을 만들어 홍수와 가뭄을 조절하고, 해안 지역에 ❺방파제를 만들어 파도가 마을이나 항구에 들이치는 것을 막았으며, 강 주변에 둑을 쌓아 홍수가 일어났을 때 물이 넘치는 것에 대비하였습니다. 지진에 대비해서는 건물과 도로에 ❻내진 설계를 하여 흔들림이 발생해도 견딜 수 있게 하였습니다. 그러나 최근에는 세계 곳곳에서 기후 변화로 이상 기후 현상이 빈번하게 발생하면서 자연재해의 발생 횟수와 피해 규모가 커지고 있습니다. 발전된 과학 기술로도 자연재해를 정확히 예측하는 것은 여전히 어렵지만, 자연재해를 조금이라도 더 빨리, 더 정확하게 예측하여 피해를 줄일 수 있도록 지속적으로 관련 기술을 개발하고 있습니다.

--------------------------------------------------------------------------------

❶ **열대 저기압**: 열대 지방의 해상에서 발생하는 저기압을 통틀어 이르는 말.

❷ **용수**: 농사나 공장 등에서 쓰이는 물.

❸ **지진 해일**: 지진 때문에 바다의 깊은 곳에서 지각 변동이 생겨서 일어나는 해일.

❹ **화산재**: 화산에서 폭발할 때 나온 재와 용암이 잘게 부스러진 가루.

❺ **방파제**: 파도를 막기 위하여 쌓은 둑. 바다의 센 물결을 막아서 항구를 보호한다.

❻ **내진 설계**: 지진을 견디어 낼 수 있도록 건축물을 설계하는 일.

**1** 다음에 현상들을 모두 포함하는 낱말을 이 글에서 찾아 쓰세요.

| 홍수 | 가뭄 | 폭설 | 태풍 | 지진 | 화산 활동 |

(                 )

**2** 이 글에서 알 수 있는 내용이 <u>아닌</u> 것은 어느 것인가요?      (     )

① 자연재해의 뜻
② 자연재해의 종류
③ 자연재해로 인한 피해
④ 자연재해의 나라별 특징
⑤ 자연재해에 대비하기 위한 노력의 예

**3** 자연재해에 대한 설명으로 알맞지 <u>않은</u> 것은 어느 것인가요?     (     )

① 인간을 위협하는 자연 현상을 가리킨다.
② 자연환경이 훼손되면 자연재해로 인한 피해가 커진다.
③ 기후적 요인과 지형적 요인에 의한 자연재해로 구분할 수 있다.
④ 세계 곳곳에서 일어나는 이상 기후의 영향으로 발생 횟수가 많아지고 있다.
⑤ 오늘날에는 과학 기술이 발달하여 자연재해의 피해를 완벽히 막아내고 있다.

**4** 기후적 요인에 의해 발생하는 자연재해가 <u>아닌</u> 것은 어느 것인가요?    (     )

① 가뭄               ② 지진               ③ 태풍
④ 폭설               ⑤ 홍수

**5** 자연재해로 인한 피해를 설명한 내용으로 알맞은 것은 어느 것인가요? ( )

① 열대 저기압은 폭설과 한파를 동반한다.
② 화산 활동이 일어나면 땅이 갈라지고 흔들린다.
③ 바다 밑에서 지진이 발생하면 해일이 일어난다.
④ 지진이 발생하면 용암이 분출되어 농작물을 덮친다.
⑤ 화산재는 화산이 폭발한 지역 안에서만 피해를 준다.

**6** 다음 신문 기사에서 짐작할 수 있는 내용으로 알맞은 것은 어느 것인가요? ( )

> 남아메리카에 있는 칠레는 지진과 화산 활동이 활발한 나라이다. 과거 칠레는 큰 지진이 일어날 때마다 막대한 인명 및 재산 피해를 보았다. 그러나 칠레 정부가 내진 설계 기준법을 만들고 실시간 재난 정보를 공유할 수 있는 통신망을 확충하면서 지진 발생으로 인한 피해를 줄일 수 있었다. - ○○ 신문, 20○○. ○. ○. -

① 인간이 지진의 피해를 줄일 수 있는 방법은 없다.
② 우리나라는 지진과 화산 활동으로부터 안전한 곳이다.
③ 인터넷 통신망을 이용해 지진과 같은 재난을 막을 수 있다.
④ 자연재해에 대한 대비를 철저하게 하면 피해를 줄일 수 있다.
⑤ 자연재해로 인한 피해를 줄이기 위한 노력은 정부가 아닌 개인의 몫이다.

**7** 자연재해에 대비하는 자세로 알맞지 <u>않은</u> 것은 어느 것인가요? ( )

① 평상시 예보 활동과 대피 훈련을 꾸준히 한다.
② 무분별한 개발을 제한하고 자연환경을 보호한다.
③ 예측 활동보다 복구 활동에 더 큰 노력을 기울인다.
④ 재해 관련 과학 기술 수준을 높이기 위하여 노력한다.
⑤ 재해가 발생했을 때 신속하게 대응할 수 있는 체계를 마련한다.

**우리나라에 피해를 주는 자연재해**

우리나라는 홍수, 태풍 등 기후적 요인에 따른 자연재해의 피해가 큰 편이며, 여름에는 폭염과 태풍이 자주 일어나고 겨울에는 폭설과 한파로 인명과 재산 피해가 발생하기도 합니다. 피해 횟수와 피해액을 비교해 보면, 전국에서 자연재해의 발생 횟수가 가장 많은 지역은 태풍 피해가 잦은 전라남도입니다.

**1** 다음 뜻을 가진 낱말을 보기 에서 찾아 쓰세요.

| 보기 | 용수 | 방파제 | 화산재 | 내진 설계 |
|---|---|---|---|---|

(1) 파도를 막기 위하여 쌓은 둑. ( )

(2) 농사나 공장 등에서 쓰이는 물. ( )

(3) 지진을 견디어 낼 수 있도록 건축물을 설계하는 일. ( )

(4) 화산에서 폭발할 때 나온 재와 용암이 잘게 부스러진 가루. ( )

**2** 다음 문장에 들어갈 말을 바르게 쓴 것에 ○표 하세요.

(1) 해일이 마을을 { 덥쳐 / 덮쳐 } 피해가 크다.

(2) 지진으로 산이 { 붕괴했다는 / 붕괘했다는 } 속보가 나오고 있다.

(3) 할머니는 자신을 { 위협하는 / 위협하는 } 호랑이를 혼내 주었다.

**3** 다음 문장에서 '마르다'가 어떤 뜻으로 사용되었는지 번호를 쓰세요.

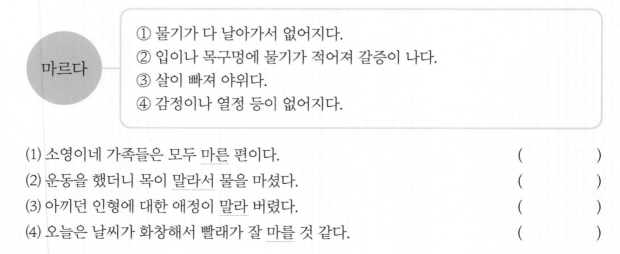

마르다
① 물기가 다 날아가서 없어지다.
② 입이나 목구멍에 물기가 적어져 갈증이 나다.
③ 살이 빠져 야위다.
④ 감정이나 열정 등이 없어지다.

(1) 소영이네 가족들은 모두 마른 편이다. ( )

(2) 운동을 했더니 목이 말라서 물을 마셨다. ( )

(3) 아끼던 인형에 대한 애정이 말라 버렸다. ( )

(4) 오늘은 날씨가 화창해서 빨래가 잘 마를 것 같다. ( )

낱말판의 가로, 세로, 대각선에 숨어 있는 낱말을 찾으며,
주제2에서 공부한 용어의 뜻을 다시 한번 떠올려 봐요.

| 자 | 연 | 환 | 경 | 간 | 호 | 수 | 동 | 쪽 |
|---|---|---|---|---|---|---|---|---|
| 연 | 일 | 갯 | 사 | 동 | 척 | 태 | 고 | 한 |
| 재 | 벌 | 판 | 구 | 해 | 양 | 백 | 서 | 반 |
| 해 | 대 | 서 | 해 | 안 | 모 | 산 | 저 | 열 |
| 륙 | 북 | 고 | 남 | 저 | 래 | 맥 | 대 | 철 |
| 지 | 구 | 온 | 난 | 화 | 집 | 저 | 폭 | 제 |
| 허 | 리 | 케 | 인 | 대 | 기 | 한 | 설 | 염 |
| 지 | 진 | 해 | 일 | 압 | 파 | 다 | 도 | 해 |

### 힌트

❶ 우리나라의 지형이 동쪽은 높고 서쪽은 낮은 특징을 보이는 것을 일컫는 말.

❷ 우리나라의 등줄기 산맥으로, 동해안에 치우쳐서 남북으로 길게 뻗어 있음.

❸ 전라남도와 대한 해협 사이에 있는, 섬이 많은 바다의 일정한 구역. 예 □□□ 해상 국립공원

❹ 바닷물이 들어오면 잠기고 바닷물이 빠지면 드러나는 넓은 벌판.

❺ 육지에 면한 바다나 호수의 일부를 둑으로 막고, 그 안의 물을 빼내어 육지로 만드는 일. 예 □□ 사업

❻ 우리나라의 서쪽에 있는 해안으로, 우리나라 전체 갯벌 면적의 약 83 %가 분포함.

❼ 삼림 파괴, 온실가스 배출 증가 등으로 지구의 평균 기온이 상승하는 현상.

❽ 열대 지방의 해상에서 발생하는 저기압을 통틀어 이르는 말. 예 태풍

❾ 홍수, 태풍, 가뭄, 지진, 화산 폭발 등 인간을 위협하는 자연 현상.

❿ 지진 때문에 바다의 깊은 곳에서 지각 변동이 생겨서 일어나는 해일. 비슷 쓰나미

주제

# 3

# 우리나라의 인문 환경

이번 주에 공부할 내용에 대한
주간 학습 계획을 세워 보세요.

# 인구가 줄어들고 있어요

매체 독해
다음 그래프를 보고, 물음에 답해 봅시다.

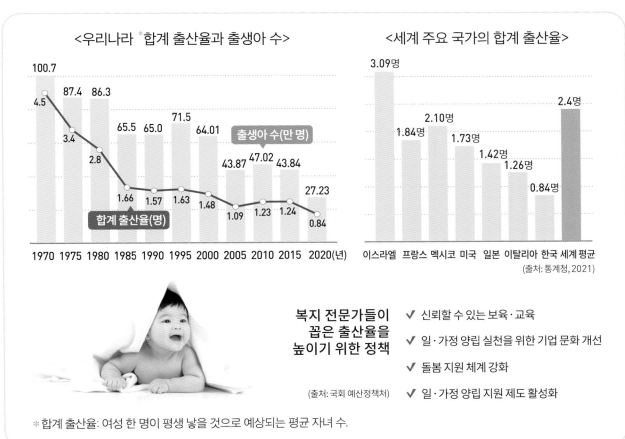

＜우리나라 *합계 출산율과 출생아 수＞

100.7
87.4  86.3
4.5
65.5  65.0  71.5
3.4
64.01
2.8
43.87  47.02  43.84
출생아 수(만 명)
1.66  1.57  1.63
27.23
1.48
1.09  1.23  1.24
합계 출산율(명)
0.84

1970 1975 1980 1985 1990 1995 2000 2005 2010 2015 2020(년)

＜세계 주요 국가의 합계 출산율＞

3.09명
2.10명
1.84명
1.73명
1.42명
1.26명
0.84명
2.4명

이스라엘 프랑스 멕시코 미국 일본 이탈리아 한국 세계 평균

(출처: 통계청, 2021)

복지 전문가들이
꼽은 출산율을
높이기 위한 정책

✔ 신뢰할 수 있는 보육·교육

✔ 일·가정 양립 실천을 위한 기업 문화 개선

✔ 돌봄 지원 체계 강화

(출처: 국회 예산정책처)

✔ 일·가정 양립 지원 제도 활성화

＊합계 출산율: 여성 한 명이 평생 낳을 것으로 예상되는 평균 자녀 수.

**1** 위 그래프에서 알 수 있는 내용으로 알맞은 것은 어느 것인가요? ( )

① 선진국일수록 합계 출산율이 높다.

② 우리나라는 합계 출산율이 비교적 높은 편에 속한다.

③ 현재 우리나라의 합계 출산율은 세계 평균보다 낮다.

④ 우리나라 출생아 수는 해를 거듭할수록 많아지고 있다.

⑤ 우리나라는 1970년대부터 합계 출산율이 꾸준히 높아졌다.

**2** 출산율을 높이기 위한 방안으로 알맞은 것에는 ○표, 알맞지 <u>않은</u> 것에는 ×표 하세요.

(1) 아이 돌봄 지원 등 신뢰할 수 있는 보육·교육 제도를 마련한다. ( )

(2) 일·가정의 양립을 위한 제도를 마련하고 기업에서 실천하도록 지원한다. ( )

(3) 자녀 양육에 필요한 모든 것을 가정에서 자체적으로 해결할 수 있게 한다. ( )

　한 사회가 현재의 인구 규모를 유지하기 위해서는 평균적으로 합계 출산율이 2.1명 정도가 되어야 합니다. 남녀가 결혼해서 적어도 둘 이상은 낳아야 인구가 유지되는 셈입니다. 그런데 우리나라는 1983년 2.06명을 마지막으로 합계 출산율이 계속 하락하였고, 2018년 이후 줄곧 1.0명에 미치지 못하고 있습니다. 이는 여성 한 명이 평생 1명의 아이도 낳지 않는다는 것을 뜻합니다. 이러한 상태가 장기간 지속되면 부모 세대에서 자녀 세대로 이어지는 30년 동안 우리나라의 인구 규모는 절반으로 떨어질 것으로 예상됩니다.

　1970년대까지만 해도 우리나라는 여성 한 명이 평균 3~4명 정도의 아이를 낳았습니다. 이 시기에는 오히려 인구가 급격하게 증가하여 이를 막기 위해 나라에서 아이를 적게 낳도록 **●**유도하는 정책을 추진하였습니다. 국가 경제가 어려운 상황 속에서 인구 증가가 나라에 이롭지 않다고 판단했기 때문이었습니다.

　이후 나라의 경제가 발전하고 사회가 변화하면서 점차적으로 출생률이 낮아졌고, ㉠ 현재에 이르게 되었습니다. 현재 우리나라의 출산율은 세계 최저 수준이며, 저출산 현상은 계속 이어지고 있습니다. 이러한 저출산 현상이 나타나는 원인은 무척 다양하지만, 대표적으로 결혼 및 가족에 대한 **❷**가치관 변화, 여성의 사회 진출 확대, 교육 및 생활 수준 향상, 자녀 양육 및 교육 비용 부담 등을 꼽을 수 있습니다.

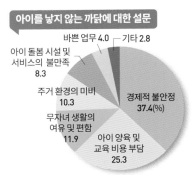

아이를 낳지 않는 까닭에 대한 설문

바쁜 업무 4.0 ─ 기타 2.8
아이 돌봄 시설 및 서비스의 불만족 8.3
주거 환경의 미비 10.3
무자녀 생활의 여유 및 편함 11.9
아이 양육 및 교육 비용 부담 25.3
경제적 불안정 37.4(%)

*기혼자를 대상으로 한 설문 결과임.

(출처: 한국보건사회연구원, 2020)

　경제 발전과 사회 변화에 따른 저출산은 충분히 나타날 수 있는 현상입니다. 그러나 지속적인 저출산은 인구 감소를 초래하고 사회 및 경제 전반에 큰 영향을 끼칩니다. 미래에 산업 활동에 참여할 노동력이 줄어들고, 소비 인구가 감소하여 기업의 경제 활동이 **❸**위축되어 우리나라의 경제 성장에 걸림돌이 될 수 있습니다. 또한 저출산과 동시에 노인 인구가 증가하면서 젊은 세대가 **❹**부양해야 하는 인구가 점차 늘어나 사회적 부담이 커지게 됩니다.

　저출산은 이제 우리 사회 구성원이 극복해야 하는 가장 중요한 문제가 되었습니다. 저출산을 극복하기 위해서는 출산율을 높이기 위한 정책이 필요하며, 근본적으로는 젊은 세대들이 결혼하고 출산할 수 있는 환경을 조성해야 합니다. 출산 휴가 및 육아 휴직 보장, **❺**보육 시설 확충 등의 현실적인 제도를 마련하고, 일과 가정이 함께할 수 있는 사회적 분위기를 만들어야 합니다.

---

**●** **유도하다**: 사람이나 물건을 목적한 장소나 방향으로 이끌다.
**❷** **가치관**: 무엇의 가치를 매길 때, 그 매기는 사람의 일정한 생각이나 기준.
**❸** **위축**: 어떤 힘에 눌려 졸아들고 기를 펴지 못함.
**❹** **부양**: 생활 능력이 없는 사람의 생활을 돌봄.
**❺** **보육 시설**: 어린아이를 보살펴서 기르기 위한 시설.

**1** 빈칸에 알맞은 낱말을 넣어 글쓴이가 하고자 하는 말을 완성하세요.

> 우리나라의 (　　　　　　　　　　) 현상을 해결하기 위해 노력해야 한다.

**2** 이 글에서 설명한 내용이 <u>아닌</u> 것은 어느 것인가요?　　　　(　　　　)

① 저출산의 원인
② 저출산이 미치는 영향
③ 현재 우리나라의 출산율 현황
④ 저출산을 극복한 다른 나라의 사례
⑤ 출산율을 높이기 위한 노력의 필요성

**3** 이 글의 내용과 맞지 <u>않는</u> 것은 어느 것인가요?　　　　(　　　　)

① 저출산은 경제 발전과 사회 전반에 큰 영향을 끼친다.
② 우리나라는 1983년부터 합계 출산율이 1.0명에 미치지 못하였다.
③ 현재와 같은 저출산이 지속된다면 우리나라의 인구는 줄어들게 된다.
④ 가치관 변화, 생활 수준의 향상 등으로 우리나라의 출산율이 낮아졌다.
⑤ 과거 우리나라에서는 출산율을 낮추기 위한 정책이 추진되기도 하였다.

**4** 1970년대에 만들어진 다음 공익 광고의 목적으로 알맞은 것은 어느 것인가요? (　　　　)

① 아이를 적게 낳도록 유도하는 것
② 결혼에 대한 가치관을 바꾸는 것
③ 인구 규모를 그대로 유지하는 것
④ 높은 출산율이 지속될 수 있게 하는 것
⑤ 인구 감소가 경제 성장에 걸림돌이 되지 않게 하는 것

(출처: 인구보건복지협회)

**5** 저출산이 지속될 경우 나타날 수 있는 현상으로 알맞은 것은 어느 것인가요?     (          )

① 소비 인구가 증가한다.
② 전체 인구가 급격하게 증가한다.
③ 기업의 경제 활동이 활발해진다.
④ 젊은 세대의 사회적 부담이 줄어든다.
⑤ 산업 활동에 참여하는 노동력이 줄어든다.

**6** 저출산의 원인과 이에 대한 대책을 다음과 같이 정리할 때, 빈칸에 들어갈 알맞은 말을 쓰세요.

| 원인 | 대책 |
|---|---|
| • 교육 및 생활 수준 향상<br>• 자녀 양육 및 교육비 부담<br>• 여성의 사회 진출 (          )<br>• (          ) 및 가족에 대한 가치관 변화 | • (          ) 시설 확충<br>• 출산 휴가 및 (          ) 보장<br>• 일과 가정이 함께할 수 있는 사회적 분위기 조성 |

**7** ㉠이 의미하는 내용으로 알맞은 것을 모두 골라 ○표 하세요.

저출산 현상이 계속해서 이어지고 있다. ☐

합계 출산율이 1.0명에도 미치지 않게 되었다. ☐

우리나라 여성이 평균 4명 정도의 아이를 낳고 있다. ☐

**1** 다음 밑줄 친 낱말의 뜻을 보기 에서 찾아 기호를 쓰세요.

> 보기
> ㉠ 생활 능력이 없는 사람의 생활을 돌봄.
> ㉡ 어린아이를 보살펴서 기르기 위한 시설.
> ㉢ 어떤 힘에 눌려 졸아들고 기를 펴지 못함.

(1) 내 동생은 보육 시설에 다니고 있다.                   (        )

(2) 경기 침체로 소비가 많이 위축되었다.             (        )

(3) 그는 열 식구의 부양을 위해 밤낮없이 일해야만 했다.   (        )

**2** 다음 문장의 밑줄 친 말과 같은 뜻으로 쓰인 낱말을 골라 ○표 하세요.

(1) 모임의 구성원들이 의견을 모았다.

| 식물원 | 회사원 | 유치원 |

(2) 나와 그는 가치관이 맞지 않아 자주 다투었다.

| 경찰관 | 도서관 | 세계관 |

**3** 다음 뜻에 해당하는 낱말과 이와 반대의 뜻을 가진 낱말을 보기 에서 찾아 쓰세요.

> 보기    이롭다    해롭다    급격하다    상승하다    완만하다    하락하다

(1) 이익이 있다.        [      ] ↔ [      ]

(2) 값이나 등급 따위가 떨어지다.        [      ] ↔ [      ]

(3) 변화의 움직임 등이 급하고 격렬하다.        [      ] ↔ [      ]

**매체 독해** 다음 안내장을 보고, 물음에 답해 봅시다.

🌸 가족 여행에 좋은 농촌 체험 마을 🌸

복잡한 도시에서 벗어나 여유롭고 한적한 촌락에서 색다른 경험을 하고 여가를 즐겨요.

**수미 마을**

개울가에서 맨손으로 송어를 잡고, 딸기 수확, 사륜 오토바이 타기 등을 하며 신나게 자연을 즐길 수 있어요. (양평군)

**파로호 느릅 마을**

인근 산에서 직접 산나물을 수확해 산채 비빔밥도 만들고, 블루베리를 수확하여 잼을 만들 수 있어요. (화천군)

**닥실 마을**

금강 주변에서 생태 체험을 할 수 있고, 특산물인 인삼을 이용해 인삼 쿠키와 인삼 와플도 만들 수 있어요. (금산군)

**강변 사리 마을**

섬진강변에서 야영을 할 수 있고, 아이스크림 만들기와 임실 치즈 구워 먹기 등의 체험이 가능해요. (임실군)

**두모 마을**

남해안에 위치한 다랭이 논이 유명한 곳이에요. 가족과 함께 바다에서 다채로운 해양 체험을 할 수 있어요. (남해군)

**1** 위 안내장을 보고 알 수 있는 내용이 <u>아닌</u> 것은 어느 것인가요? ( )

① 닥실 마을의 특산물은 인삼이다.
② 두모 마을은 남해안에 있는 어촌이다.
③ 파로호 느릅 마을은 가까운 곳에 산이 있다.
④ 수미 마을은 벼농사가 활발한 농촌 마을이다.
⑤ 닥실 마을과 강변 사리 마을 주변에는 강이 있다.

**2** 다음과 같은 체험을 하려면 어느 마을을 찾아가야 하는지 쓰세요.

(1) 송어 잡기, 사륜 오토바이 타기 ( )
(2) 산채 비빔밥 만들기, 블루베리 잼 만들기 ( )
(3) 섬진강변에서 야영하기, 임실 치즈 구워 먹기 ( )

오늘날 우리나라는 인구의 90% 이상이 도시에 살고 있습니다. 현재 우리나라에는 85개의 도시가 있으며, 그중 수도인 서울에는 전체 인구의 5분의 1 정도가 살고 있습니다. 서울은 조선 시대에 한양으로 불리던 시절부터 도읍지로서 정치·경제·행정의 중심지 역할을 하던 도시였습니다. 하지만 오늘날의 모든 도시들이 옛날부터 도시였던 것은 아닙니다. 우리나라에는 언제부터 도시가 생겨났으며, 어떤 곳이 도시로 성장하였을까요?

우리나라는 고구려, 백제, 신라로 나뉘었던 삼국 시대부터 도시가 발달하기 시작하였습니다. 삼국 시대에는 강력한 왕권을 바탕으로 왕궁이 있는 수도를 중심으로 하여 도시가 성장하였습니다. 고구려의 국내성과 평양, 백제의 위례성과 웅진(공주), 사비(부여), 신라의 경주가 삼국 시대에 발달한 대표적인 도시들입니다.

조선 시대에는 수도인 한양뿐만 아니라 전국을 8도로 나눈 각 지방의 행정 중심지에서 도시가 발달하기 시작하였으며, 조선 후기에는 ❶정기 시장이 있는 곳을 중심으로 상업 도시가 발달하기도 하였습니다. 이후 ❷일제 강점기에는 외국과의 교류가 활발해지면서 인천, 목포, 군산 등의 항구 도시가 발달하였고, 철도 교통이 발전하면서 철도역을 중심으로 신의주, 대전 등의 도시가 새롭게 성장하였습니다.

산업이 발달하기 시작한 1960년대 이후에는 국가 정책에 따라 공업이 발달한 곳에 도시가 발달하였습니다. 서울을 비롯한 수도권과 부산, 울산, 포항, 창원 등 남동 임해 공업 지역의 공업 도시에는 산업 시설과 일자리가 집중되면서 인구가 급증하였습니다. 이때 촌락에 살던 사람들이 일자리를 찾아 도시로 이동하면서 ❸이촌향도 현상이 활발히 나타났습니다. 한편 전주, 충주 등의 지방 중심 도시들은 ❹점진적으로 인구가 증가하였고, 주요 ❺교통망에서 벗어난 김천, 김제와 같은 지방의 중소 도시들은 인구가 꾸준히 감소하였습니다.

현재 우리나라는 ❻수도권에 많은 도시가 몰려 있고, 서울, 부산, 대구, 인천 등의 대도시에 인구와 각종 기능이 집중해 있습니다. 반면 촌락에서는 인구가 빠져 나가면서 다양한 문제가 발생하기도 하였습니다. 최근에는 도시의 과도한 인구 집중과 촌락의 인구 감소 문제를 해결하고 도시와 농촌 간의 상호 보완적 관계를 통한 발전을 위해 ❼도농 통합시를 만드는 등 다양한 노력을 하고 있습니다.

--------------------------------------------------------------------------

❶ **정기 시장**: 주기적으로 일정한 날짜에 열리는 시장.
❷ **일제 강점기**: 일본에게 나라를 빼앗긴 1910년부터 해방된 1945년까지의 민족 수난기.
❸ **이촌향도**: 농촌 인구가 농촌을 떠나 도시로 이동함.
❹ **점진적**: 조금씩 앞으로 나아가는 것.
❺ **교통망**: 교통로가 이리저리 분포되어 있는 상태를 그물에 비유하여 이르는 말.
❻ **수도권**: 수도를 중심으로 이루어진 대도시권. 서울, 경기, 인천을 포함하여 이르는 말.
❼ **도농 통합시**: 도시 지역과 농촌 지역이 통합된 형태의 시(市).

**1** 이 글의 중심 내용으로 알맞은 것은 어느 것인가요? ( )

① 우리나라 도시 발달의 역사
② 도시와 농촌의 공통점과 차이점
③ 도시에 사람들이 모여드는 까닭
④ 도시에 사는 사람들의 생활 모습
⑤ 우리나라 주요 도시의 위치와 그에 따른 특성


**2** 이 글에서 설명한 내용이 <u>아닌</u> 것은 어느 것인가요? ( )

① 삼국 시대에 발달한 도시들
② 조선 시대에 도시가 발달한 곳
③ 1960년대 이후 발달한 도시의 특징
④ 오늘날 도시에 살고 있는 사람의 수
⑤ 이촌향도 현상이 활발히 나타난 시기


**3** 이 글에서 알 수 있는 내용으로 알맞은 것은 어느 것인가요? ( )

① 조선 시대 이전에는 도시라고 부를 수 있는 곳이 없었다.
② 도시의 성장은 산업 발달, 교통 발달 등의 영향을 받는다.
③ 조선 시대에는 산업 시설이 많은 곳이 도시로 성장하였다.
④ 현재 우리나라는 도시 인구는 줄고 촌락 인구가 늘고 있다.
⑤ 오늘날의 주요 도시는 모두 옛날부터 중심지 역할을 해 왔다.


**4** 일제 강점기에 도시가 성장한 곳을 보기 에서 모두 고른 것은 어느 것인가요? ( )

> 보기 ㉠ 항구가 있는 곳
> ㉡ 철도역 주변 지역
> ㉢ 정기 시장이 있는 곳
> ㉣ 공업 시설과 일자리가 많은 곳

① ㉠, ㉡  ② ㉠, ㉢  ③ ㉡, ㉢
④ ㉡, ㉣  ⑤ ㉢, ㉣

**5** 외국과의 교류가 활발해지면서 성장한 항구 도시는 어디인가요? ( )

① 공주 ② 부여 ③ 서울
④ 인천 ⑤ 충주

**6** ㉠~㉤에 들어갈 내용으로 알맞지 <u>않은</u> 것은 어느 것인가요? ( )

> 우리나라는 ( ㉠ )년대 이후 공업이 발달하면서 산업 시설이 집중되고 ( ㉡ )
> 이/가 풍부한 서울, 부산 등의 대도시와 ( ㉢ ) 공업 지역으로 인구가 집중되었다.
> 이후 ( ㉣ ) 현상이 두드러지게 나타나 도시가 급성장하였고, 현재 우리나라 인구의
> 90% 이상이 ( ㉤ )에 살고 있다.

① ㉠ - 1980 ② ㉡ - 일자리 ③ ㉢ - 남동 임해
④ ㉣ - 이촌향도 ⑤ ㉤ - 도시

**7** 이 글을 읽고 더 알아볼 만한 내용으로 알맞지 <u>않은</u> 것은 어느 것인가요? ( )

① 도농 통합시가 되었을 때 좋은 점
② 삼국 시대에 도시가 발달하지 못한 까닭
③ 촌락에서 인구가 감소하면서 나타난 문제
④ 도시에서 과도한 인구 집중으로 인해 발생한 문제
⑤ 오늘날 우리나라의 주요 도시들이 담당하고 있는 기능

**우리나라의 도시 분포**
오늘날 우리나라는 서울, 인천, 경기를 포함하는 수도권에 많은 도시가 몰려 있습니다. 또 공업의 발달과 함께 남해안의 공업 지역에 있는 도시들이 빠르게 성장하였습니다.

**1** 다음 뜻을 가진 낱말을 보기 에서 찾아 쓰세요.

| 보기 | 교통망 | 수도권 | 이촌향도 |
| --- | --- | --- | --- |

(1) 농촌 인구가 농촌을 떠나 도시로 이동함.　　　　　　　　( 　　　　　　 )

(2) 교통로가 이리저리 분포되어 있는 상태를 그물에 비유하여 이르는 말. ( 　　　　　 )

(3) 수도를 중심으로 이루어진 대도시권. 서울, 인천, 경기를 포함하여 이르는 말.

　　　　　　　　　　　　　　　　　　　　　　　　　　　( 　　　　　　 )


**2** 다음 뜻풀이를 보고, 문장에 들어갈 알맞은 낱말을 골라 ○표 하세요.

(1) 배가 {　창구　／　항구　}에 무사히 정박했다.
　　└ 배가 안전하게 드나들도록 강가나 바닷가에 부두 등을 설비한 곳.

(2) 케이크 주문이 {　급감　／　급증　}하여 정신없이 바쁘다.
　　└ 갑작스럽게 늘어남.

(3) 우리는 서비스를 {　급진적　／　점진적　}으로 확대해 나갈 것이다.
　　└ 조금씩 앞으로 나아가는 것.

(4) 두 단체가 화합하기 위해서는 적극적인 {　교류　／　교체　}가 필요하다.
　　└ 문화나 사상 등이 서로 통함.


**3** 다음 문장에서 '성장하다'가 어떤 뜻으로 사용되었는지 번호를 쓰세요.

성장하다 ─ ① 사람이나 동식물 등이 자라서 점점 커지다.
　　　　　　② 사물의 규모나 세력 등이 점점 커지다.

(1) 그 회사는 세계적인 기업으로 성장하였다.　　　　　　　　( 　　　 )

(2) 수도인 서울을 중심으로 도시가 성장하였다.　　　　　　　( 　　　 )

(3) 그들은 아이가 건강하고 바르게 성장하기를 기도했다.　　( 　　　 )

(4) 지난달에 태어난 새끼 호랑이들은 무럭무럭 성장하고 있다.　( 　　　 )

# 3장 우리나라의 산업은 언제부터 발달했나요

정답 확인
하루한장 앱에서 학습 인증하고 하루템을 모으세요!

**매체 독해** 다음 연표를 보고, 물음에 답해 봅시다.

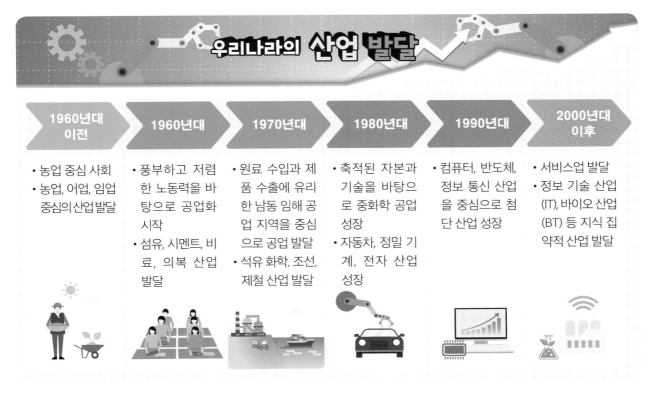

**우리나라의 산업 발달**

| 1960년대 이전 | 1960년대 | 1970년대 | 1980년대 | 1990년대 | 2000년대 이후 |
|---|---|---|---|---|---|
| • 농업 중심 사회<br>• 농업, 어업, 임업 중심의 산업발달 | • 풍부하고 저렴한 노동력을 바탕으로 공업화 시작<br>• 섬유, 시멘트, 비료, 의복 산업 발달 | • 원료 수입과 제품 수출에 유리한 남동 임해 공업 지역을 중심으로 공업 발달<br>• 석유 화학, 조선, 제철 산업 발달 | • 축적된 자본과 기술을 바탕으로 중화학 공업 성장<br>• 자동차, 정밀 기계, 전자 산업 성장 | • 컴퓨터, 반도체, 정보 통신 산업을 중심으로 첨단 산업 성장 | • 서비스업 발달<br>• 정보 기술 산업 (IT), 바이오 산업 (BT) 등 지식 집약적 산업 발달 |

## 1 위 연표를 보고 시기별로 주로 발달한 산업을 선으로 이어 보세요.

(1) 1960년대 •

(2) 1970년대 •

(3) 1980년대 •

(4) 1990년대 •

• ㉠ 정밀 기계, 전자 산업

• ㉡ 반도체, 정보 통신 산업

• ㉢ 석유 화학, 조선, 제철 산업

• ㉣ 섬유, 시멘트, 의복, 비료 산업

## 2 다음에서 설명하는 공업 지역을 위 연표에서 찾아 쓰세요.　　(　　　　　　　　　)

• 원료 수입과 제품 수출에 유리한 공업 지역
• 석유 화학, 조선, 제철 산업 등이 발달한 중화학 공업 지역

우리의 생활이 예전에 비해 편리해지고 풍족해진 것은 공업이 발달했기 때문입니다. 공업은 보통 자연에서 얻은 생산물을 원료로 하여 다양한 물자를 생산하는 제조업을 말하며, 건물이나 도로, 항구와 같은 시설을 만드는 건설업도 공업이라고 합니다. 다양한 물건을 만들어 내고, 생활에 필요한 여러 시설을 건설하면서 우리의 생활은 더욱 편리해졌습니다.

공업이 발달하기 이전의 시기는 전통적인 농업 중심 사회로, 농림어업 등 1차 산업의 비중이 높았습니다. 이때는 주로 원료 ❶산지를 중심으로 하여 ❷가내 수공업 형태의 전통 공업이 이루어졌기 때문에 생산 규모가 작았습니다. 이러한 전통 공업은 현재까지도 강화의 화문석, 안동의 삼베, 전주의 한지 등 지역의 특산물을 생산하는 형태로 남아 있습니다.

우리나라에서 공업이 본격적으로 발달한 것은 1960년대에 ❸경제 개발 계획을 추진하면서부터입니다. 정부는 경제 성장을 목표로 하여 경제 발전의 기초가 되는 도로, 항만, 철도, 통신 시설 등을 건설하고 남동 임해 지역에 공업 단지를 조성해 공업을 ❹육성하였는데, 이것이 우리나라의 공업 발달에 중요한 역할을 하였습니다. 공업이 발달하기 시작한 1960년대에는 자본과 기술이 부족하였기 때문에 주로 저렴하고 풍부한 노동력을 바탕으로 한 ❺경공업이 발달하였습니다. 이 시기에는 주로 공장에서 섬유, 신발, 의류 등의 제품을 생산하여 해외로 수출하였습니다.

1970년대에는 항구, 고속 도로, 철도 등이 활발히 건설되었으며, ❻중화학 공업이 발달하기 시작하였습니다. 특히 원료 수입과 제품 수출에 유리한 항구가 발달한 남동 임해 공업 지역을 중심으로 제철, 석유 화학 공업 등이 발달하였습니다. 1980년대에는 축적된 자본과 기술을 바탕으로 자동차, 조선 등과 같은 중화학 공업이 성장하였으며, 1990년대에는 높은 기술력과 우수한 ❼인력을 바탕으로 컴퓨터, 반도체와 같은 ❽첨단 산업이 성장하였습니다. 2000년대 이후에는 정보 통신 기술, 생명공학, 우주공학 등과 관련된 첨단 산업이 오늘날까지 이어지면서 발달하고 있습니다.

공업은 우리나라의 경제 성장에 매우 중요한 역할을 하였습니다. 자본과 기술이 부족한 상황에서도 우수한 인력을 활용하고 수출에 집중한 결과 짧은 시간 안에 공업 발달과 높은 경제 성장을 이루었습니다. ㉠ 농업 중심 사회였던 우리나라는 2021년을 기준으로 제조업 경쟁력이 세계 3위권으로 올라섰으며, 공업 경쟁력 역시 세계 최고 수준으로 평가되고 있습니다.

----

❶ 산지: 생산되어 나오는 곳.
❷ 가내 수공업: 집 안에서 작은 규모로 이루어지는 수공업.
❸ 경제 개발 계획: 국민 경제를 계획적으로 발전시키기 위해 정부가 수립하고 시행한 경제 계획.
❹ 육성: 길러 자라게 함.
❺ 경공업: 부피에 비하여 무게가 가벼운 물건을 만드는 공업.
❻ 중화학 공업: 철강, 배, 자동차, 기계와 같은 제품을 만드는 중공업과 석유 화학 공업을 아울러 부르는 말.
❼ 인력: 사람의 노동력.
❽ 첨단 산업: 고도의 기술이 필요한 제품을 개발하는 산업.

**1** 이 글의 중심 내용으로 알맞은 것은 어느 것인가요?　　　　　　　　　(　　　　)

① 우리나라 공업의 발달 과정
② 우리나라의 주요 공업 지역
③ 공업 발달을 위해 필요한 조건
④ 산업 발달에 따른 생활의 변화
⑤ 우리나라에 남아 있는 전통 공업의 종류

**2** 이 글의 설명 방법으로 알맞은 것은 어느 것인가요?　　　　　　　　　(　　　　)

① 한 대상을 부분으로 나누어 설명하였다.
② 공간의 변화로 나타나는 현상을 설명하였다.
③ 두 가지 대상의 공통점과 차이점을 설명하였다.
④ 질문을 던지고 그에 답하는 방식으로 설명하였다.
⑤ 시간의 흐름에 따라 대상이 변해 온 모습을 설명하였다.

**3** 우리나라의 공업에 대한 설명으로 알맞지 <u>않은</u> 것은 어느 것인가요?　(　　　　)

① 공업이 발달하기 이전에는 1차 산업의 비중이 높았다.
② 우리나라는 비교적 짧은 시간 안에 공업 발달을 이루었다.
③ 경제 개발 계획을 추진하면서 공업이 본격적으로 발달하였다.
④ 1960년대에 경제 성장과 공업 발달을 위한 정책이 추진되었다.
⑤ 오늘날에는 풍부한 노동력을 바탕으로 한 첨단 산업이 성장하였다.

**4** 우리나라에서 공업이 발달해 온 순서에 맞게 번호를 쓰세요.

| 경공업 | 전통 공업 | 첨단 산업 | 중화학 공업 |
|---|---|---|---|
| (　　　) | (　　　) | (　　　) | (　　　) |

**5** 우리나라에서 공업이 본격적으로 발달하기 시작한 것은 언제부터인가요?　(　　　　)

① 1960년대　　　　② 1970년대　　　　③ 1980년대
④ 2000년대　　　　⑤ 2020년대

**6** 다음과 같은 산업을 무엇이라고 하는지 이 글에서 찾아 쓰세요.

> • 높은 기술력과 우수한 인력을 바탕으로 성장하는 산업
> • 반도체, 정보 통신 기술, 생명공학, 우주공학 등과 관련된 산업

(                                    )

 **7** 남동 임해 공업 지역이 다음과 같이 성장할 수 있었던 까닭은 어느 것인가요?　(            )

> 남동 임해 공업 지역은 정부의 경제 개발 계획에 따라 조성되었으며, 제철 공업과 석유 화학 공업 등이 발달한 우리나라 최대의 중화학 공업 지역이다.

① 공업에 필요한 원료 산지가 가까이 있기 때문에
② 공업 기술을 가르치는 전문 학교가 있기 때문에
③ 넓은 평야가 펼쳐져 있고 기후가 온난하기 때문에
④ 전통적으로 가내 수공업이 발달해 온 지역이기 때문에
⑤ 원료 수입과 제품 수출에 유리한 항구가 발달해 있기 때문에

**8** 다음 뜻풀이를 참고하여 ㉠에 나타난 우리나라의 공업 성장을 한자 성어로 빗대어 나타낼 때 알맞은 것은 어느 것인가요?                                    (            )

> '뽕나무밭이 변하여 푸른 바다가 된다.'라는 뜻으로, 세상이 몰라볼 정도로 달라졌다는 말로 쓰인다.

① 금상첨화　　　　　　② 상전벽해　　　　　　③ 역지사지
④ 일거양득　　　　　　⑤ 자업자득

---

**남동 임해 공업 지역**

남해는 태평양을 향해 열려 있어 원료를 수입하고 제품을 수출하기에 유리한 지역입니다. 그래서 경상북도 포항에서부터 울산, 부산, 경상남도 창원, 거제를 거쳐 전라남도 여수에 이르는 남동 임해 공업 지역이 만들어졌습니다. 남동 임해 공업 지역은 우리나라 최대의 중화학 공업 지역으로, 특히 조선, 자동차, 금속, 화학 공업 등이 발달하였습니다.

**1** 다음 밑줄 친 낱말의 뜻을 보기 에서 찾아 기호를 쓰세요.

> 보기   ㉠ 사람의 노동력.   ㉡ 길러 자라게 함.   ㉢ 생산되어 나오는 곳.

(1) 우리 회사는 전문 인력을 늘릴 예정이다.　　　　　　　　　（　　　　）
(2) 그 식당은 산지에서 직접 가져온 신선한 재료를 사용한다.　（　　　　）
(3) 나라에서는 인재 육성을 위해 전문 교육 기관을 설치하였다.　（　　　　）

**2** 그림과 같은 공업을 일컫는 말을 보기 에서 찾아 쓰세요.

> 보기　　　경공업　　　　첨단 산업　　　　중화학 공업

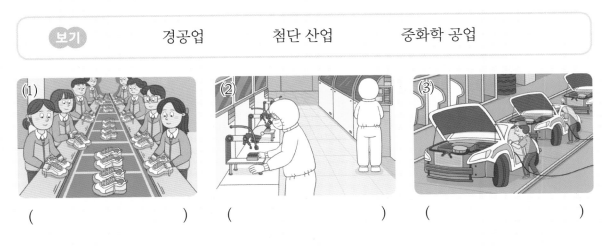

（　　　　　　　　）　（　　　　　　　　）　（　　　　　　　　）

**3** 다음 문장에서 '제철'이 어떤 뜻으로 사용되었는지 번호를 쓰세요.

제철
① 알맞은 시절.
② 철광석을 제련하여 철을 뽑아내는 일.

(1) 경상북도 포항은 제철 공업이 발달하였다.　　　　　　　　（　　　　）
(2) 선빈이는 여름 제철 과일 중 수박을 가장 좋아한다.　　　　（　　　　）

## 4장 교통의 발달과 생활의 변화

 **매체 독해** 다음 기사를 읽고, 물음에 답해 봅시다.

---

○○ 뉴스　　뉴스 홈 | 세계 | 정치 | **사회** | 경제 | 과학 | 스포츠

---

### 호남 고속 철도 개통 7년을 돌아보다

　호남 고속 철도(KTX)가 개통되어 서울의 용산역에서 광주송정역까지 통행 시간이 기존 2시간 39분에서 1시간 33분으로 1시간이 넘게 줄어들었다. 기존 호남선의 경우 일반 철로를 따라 운행하여 충분한 속도를 내지 못하였으나 별도의 철로를 사용하는 호남 고속 철도는 고속 운행이 가능해 통행 시간이 크게 감소하였다. 이에 따라 2015년 개통 이후 고속 철도의 이용객은 3배 이상 증가하고, 전라북도의 생활권이 확대되었으며, 관광, 산업, 경제 교류 활동이 활발해지면서 지역 발전의 밑거름이 되고 있다.

　　전라북도는 역사·문화 자원이 풍부하고 수려한 자연 경관을 자랑하지만 접근성이 부족하여 관광 산업의 발달에 한계가 있었다. 그러나 호남 고속 철도가 개통됨으로써 전라북도를 찾는 관광객의 증가와 그로 인한 경제적 효과를 기대할 수 있게 되었다. 따라서 지역의 특색을 강화하고, 더욱 다양한 관광 상품을 개발하려는 노력이 필요하다.

---

**1** 위 기사의 내용으로 알맞은 것에는 ○표, 알맞지 <u>않은</u> 것에는 ×표 하세요.

(1) 전라북도는 예전부터 접근성이 좋아 관광 산업이 발전하였다. 　　　( 　　　)
(2) 일반 철로로 운행하는 기존 호남선 이용객이 3배 이상 감소하였다. 　　　( 　　　)
(3) 호남 고속 철도 개통으로 서울에서 광주에 이르는 통행 시간이 1시간 넘게 줄어들었다.

　　　　　　　　　　　　　　　　　　　　　　　　　　　　　　　　( 　　　)

**2** 호남 고속 철도 개통으로 전라북도 지역에 나타난 변화로 알맞지 <u>않은</u> 것은 어느 것인가요?

　　　　　　　　　　　　　　　　　　　　　　　　　　　　　　　　( 　　　)

① 이동의 편의성이 증대되었다.
② 다른 지역과의 교류가 활발해졌다.
③ 이동 거리가 늘어나 생활권이 확대되었다.
④ 산업 시설이 빠져나가 지역 경제가 위축되었다.
⑤ 관광객이 증가하여 관광 산업이 성장하고 있다.

옛날 사람들의 교통수단은 주로 말이나 소 등의 힘을 이용한 마차나 수레 등이었습니다. 이후 **❶증기 기관차**, 자동차 등이 발명되면서 사람들은 더 빠르게, 더 쉽게, 더 편리하게 이동할 수 있게 되었습니다. 그리고 이제 우리는 비행기를 타고 다른 나라를 쉽게 오갈 수 있으며, 우주선을 타고 우주에 나가기도 합니다.

우리나라는 언제부터 교통이 발달하기 시작하였을까요? 우리나라의 교통은 일제 강점기에 일본이 침략과 **❷수탈**을 목적으로 철도를 건설하면서 발달하기 시작하였습니다. 이후 도로가 발달하기 전까지 철도는 화물을 옮기는 가장 중요한 수단으로 이용되었습니다. 열차와 철도는 꾸준히 개선되었고 열차의 운행 속도는 더욱 빨라졌습니다. 그리고 이제는 한국 고속 열차(KTX)라고 불리는 고속 철도가 **❸개통**되어 서울에서 부산까지 2시간 30분이면 갈 수 있게 되었습니다.

도로 교통 시설은 1960년대 이후 경제 개발 계획이 추진되면서 본격적으로 건설되기 시작하였습니다. 정부는 경제를 성장시키려면 수출을 늘려야 한다고 판단하여, 공업 단지와 공업 도시를 연결하고 물자와 인력을 실어 나를 수 있는 고속 도로를 건설하였습니다. 1970년에 개통한 경부 고속 국도는 서울과 부산을 연결하였으며, 철도 교통의 발달과 함께 전국 어디든 하루 안에 갈 수 있는 '일일 생활권' 시대를 열었습니다.

1990년대 이후 크게 발전한 것은 하늘을 교통로로 이용하는 항공 교통입니다. 우리나라의 항공 교통은 폭발적으로 성장하여 현재는 인천 국제공항을 기준으로 47개의 국가와 153개 도시를 오가며 사람과 화물을 실어 나르고 있습니다.

이처럼 철도 교통을 비롯하여 도로, 항공 등의 교통수단이 발달함에 따라 다른 지역과의 **❹접근성**이 향상되고 사람과 물자의 이동이 편리해졌습니다. 이에 따라 이동에 드는 시간과 비용이 줄어들면서 사람들이 이동 가능한 거리가 늘어났고 ㉠일상생활의 **❺범위**가 확대되었습니다. 또한 국내뿐만 아니라 세계적으로도 물자와 사람의 교류가 활발해지면서 ㉡다른 나라와의 **❻교역**이 늘어나고, 필요한 물건을 언제든 쉽게 살 수 있게 되어 ㉢우리의 생활은 더욱 풍요로워졌습니다. 여러 교통수단을 이용할 수 있게 되면서 사람들의 ㉣여가 공간도 확대되었습니다. 항공기를 이용해 먼 거리도 빠르게 이동할 수 있게 되어서 국내 여행뿐만 아니라 해외여행을 할 기회도 많아졌으며, 타 지역이나 ㉤다른 국가의 문화를 체험할 수 있는 기회도 늘어났습니다.

-------------------------------------------------------

❶ **증기 기관차**: 증기의 힘으로 달리는 기관차.

❷ **수탈**: 강제로 빼앗음.

❸ **개통**: 길, 다리, 철로, 전화, 전신 등을 완성하거나 이어 통하게 함.

❹ **접근성**: 특정 지역이나 시설로 접근할 수 있는 가능성.

❺ **범위**: 일정하게 한정된 영역.

❻ **교역**: 주로 나라와 나라 사이에서 물건을 사고팔고 하여 서로 바꿈.

**1** 다음 빈칸에 알맞은 낱말을 넣어 이 글의 제목을 완성하세요.

우리나라의 ( ) 발달과 생활의 변화

**2** 이 글을 내용상 크게 세 부분으로 나눌 때 가장 알맞은 것은 어느 것인가요? ( )

① 1문단 / 2문단, 3문단 / 4문단, 5문단
② 1문단 / 2문단, 3문단, 4문단 / 5문단
③ 1문단, 2문단 / 3문단, 4문단 / 5문단
④ 1문단, 2문단 / 3문단 / 4문단, 5문단
⑤ 1문단, 2문단, 3문단 / 4문단 / 5문단

**3** 이 글에서 알 수 있는 내용이 <u>아닌</u> 것은 어느 것인가요? ( )

① 경부 고속 국도의 개통 시기
② 교통이 발달하면서 나타난 문제점
③ 일본이 우리나라에 철도를 건설한 까닭
④ 인천 국제공항을 통해 갈 수 있는 국가의 수
⑤ 서울에서 부산까지 KTX를 타고 갈 때 걸리는 시간

**4** 우리나라의 철도 교통에 대한 설명으로 알맞은 것을 보기 에서 모두 고른 것은 어느 것인가요?

( )

보기
㉠ 1990년대 이후 급진적으로 성장하였다.
㉡ 일제 강점기에는 화물 운송에 이용되었다.
㉢ 경제 개발 계획을 추진하면서 본격적으로 개발되었다.
㉣ 고속 철도가 건설되어 다른 지역으로의 이동 시간이 단축되었다.

① ㉠, ㉡               ② ㉠, ㉢               ③ ㉡, ㉢
④ ㉡, ㉣               ⑤ ㉢, ㉣

**5** 교통의 발달에 따른 변화를 다음과 같이 구분할 때 <u>잘못된</u> 것은 어느 것인가요? (          )

| 확대된 것 | 축소된 것 |
|---|---|
| • 일상생활의 범위 ·················· ㉮<br>• 사람과 물자의 교류 ·················· ㉯<br>• 다른 문화를 체험할 기회 ············· ㉰ | • 이동에 걸리는 시간 ··················· ㉱<br>• 다른 지역과의 접근성 ··············· ㉲<br>• 지역 간 이동에 드는 비용 |

① ㉮          ② ㉯          ③ ㉰          ④ ㉱          ⑤ ㉲

**6** 이 글의 ㉠~㉤을 설명할 때 다음 내용을 예로 들 수 있는 것은 어느 것인가요?  (          )

> 과거보다 좀더 멀리 있는 학교를 다니고, 좀더 멀리 있는 직장을 다니는 사람들이 많아졌다.

① ㉠          ② ㉡          ③ ㉢          ④ ㉣          ⑤ ㉤

**7** 교통의 발달로 나타난 생활 모습으로 알맞지 <u>않은</u> 것은 어느 것인가요?          (          )

① 박소방 씨는 헬리콥터를 이용해 산불을 빠르게 진압하였다.
② 최소비 씨는 스마트폰을 이용하여 언제 어디서나 가족과 연락한다.
③ 한사원 씨는 오전에 대구에 가서 회의를 하고 오후에 서울로 돌아왔다.
④ 김여행 씨는 휴가 기간이 되면 버스를 타고 전국 각지로 여행을 다닌다.
⑤ 정다정 씨는 일주일 전 미국에 계신 친척이 보내 주신 선물을 오늘 받았다.

**배경
+지식
넓히기**

**교통의 발달에 따른 지역의 변화**
새로운 교통로가 건설되거나 역, 터미널, 공항, 항만 등의 교통 시설이 건설되는 지역은 다른 지역과의 접근성이 향상되고, 지역 간의 교류가 활발해져 경제가 활성화됩니다. 반면 교통이 불편한 지역이나, 새로운 교통로가 건설된 다른 지역으로 인구와 기능이 유출된 지역은 경제가 침체되거나 쇠퇴하기도 합니다.

**1** 다음 빈칸에 들어갈 말의 뜻을 보고, 알맞은 낱말을 보기 에서 찾아 쓰세요.

> 보기        개통        교역        범위        수탈

(1) 이번 시험 _____ 은/는 1단원부터 3단원까지이다.
└ 일정하게 한정된 영역.

(2) 이사 온 지 3일 만에 인터넷 _____ 을/를 신청했다.
└ 길, 다리, 철로, 전화, 전신 등을 완성하거나 이어 통하게 함.

(3) 다른 나라들과의 _____ 활동이 활발하게 이루어졌다.
└ 주로 나라와 나라 사이에서 물건을 사고팔고 하여 서로 바꿈.

(4) 조선 시대에 백성들은 탐관오리의 가혹한 _____ 에 시달렸다.
└ 강제로 빼앗음.

**2** 다음 낱말의 뜻을 보고, 문장에 들어갈 알맞은 낱말을 골라 ○표 하세요.

| 늘리다 | 크게 하거나 많게 하다. |
|---|---|
| 늘이다 | 천이나 줄의 길이를 본디보다 길어지게 하다. |

(1) 고무줄을 길게 ( 늘렸다 / 늘였다 ).
(2) 각 교실의 학생 수를 ( 늘리기로 / 늘이기로 ) 결정하였다.
(3) 그 태권도 선수는 체중을 ( 늘려서 / 늘여서 ) 체급을 올렸다.
(4) 키가 훌쩍 자란 오빠는 교복 바짓단을 ( 늘려야 / 늘여야 ) 했다.

**3** 다음 문장에서 '싣다'가 어떤 뜻으로 사용되었는지 번호를 쓰세요.

> 싣다
> ① 물체나 사람을 옮기기 위하여 탈것, 수레, 비행기, 짐승의 등 따위에 올리다.
> ② 글, 그림, 사진 등을 책이나 신문 등의 출판물에 내다.
> ③ 다른 기운을 함께 품거나 띠다.

(1) 우식이는 얼굴에 웃음을 가득 싣고 걸어갔다.                    (          )
(2) 자동차 뒷좌석에 짐을 잔뜩 싣고 낚시터로 떠났다.              (          )
(3) 선생님은 가을 운동회 때 사진을 교지에 싣겠다고 하셨다.       (          )

**신나는 퍼즐 퍼즐**

가로세로 퍼즐을 완성하며, **주제3**에서 공부한 용어의 뜻을
다시 한번 떠올려 봐요.

## 가로 열쇠

❷ 자녀가 있는 근로자가 자녀 양육을 위해 최대
1년 동안 유급으로 휴직할 수 있는 제도.

❹ 도시 지역과 농촌 지역이 통합된 형태의 시(市).

❽ 증기의 힘으로 달리는 기관차.

❿ 자연에서 얻은 생산물을 원료로 하여 다양한
물자를 생산하는 공업.

⓫ 철강, 배, 자동차, 기계와 같은 제품을 만드는
중공업과 석유 화학 공업을 아울러 부르는 말.
**예** □□□ □□이 발달한 남동 임해 공업 지역.

⓭ 시속 약 200 km 이상으로 운행되는 철도. 우
리나라에는 KTX가 있음.

## 세로 열쇠

❶ 어린아이를 보살펴서 기르기 위한 시설. 주로
어린이집을 가리킴. **비슷** 양육 시설.

❸ 수도를 중심으로 이루어진 대도시권. 서울, 경
기, 인천을 포함하여 이르는 말.

❺ 교통로가 이리저리 분포되어 있는 상태를 그물
에 비유하여 이르는 말.

❻ 무엇의 가치를 매길 때, 그 매기는 사람의 일정
한 생각이나 기준. **예** 결혼에 대한 □□□

❼ 주기적으로 일정한 날짜에 열리는 시장.

❾ 고도의 기술이 필요한 제품을 개발하는 산업.

⓬ 공업이 주요 산업으로 발달한 도시.

주제

# 4

# 인권을 존중하는 사회

이번 주에 공부할 내용에 대한
주간 학습 계획을 세워 보세요.

# 1장 사람답게 살 권리, 인권

정답 확인

하루한장 앱에서
학습 인증하고
하루템을 모으세요!

**매체 독해** 다음 선언문을 보고, 물음에 답해 봅시다.

## 세계 인권 선언

1948년 12월 10일, 국제 연합 총회에서 세계 인권 선언을 채택하였다. 세계 인권 선언은 모든 사람은 태어나면서 똑같은 기본적인 권리를 가지고 있으며, 누구도 인권을 침해할 수 없다는 사실을 세계에 널리 알린 것이다.

**제1조** 태어날 때부터 자유롭고 평등해요.
**제2조** 다르다는 이유로 차별받으면 안 돼요.
**제3조** 생명을 존중받으며 자유롭고 안전하게 살아갈 수 있어요.
**제9조** 함부로 감옥에 갇혀서는 안 돼요.

**제10조** 공정한 재판을 받을 수 있어요.
**제13조** 어디든지 자유롭게 여행할 수 있어요.
**제17조** 자기 재산을 가질 수 있어요.
**제18조** 원하는 것을 자유롭게 생각할 수 있어요.
**제19조** 자기 생각을 자유롭게 표현할 수 있어요.
**제20조** 원하는 사람들과 모임을 만들 수 있어요.
**제22조** 기본적인 생활을 할 수 있어요.
**제23조** 자유롭게 직업을 선택하고 일할 수 있어요.
**제24조** 휴식과 여가 생활을 누릴 수 있어요.
**제26조** 모든 사람은 교육을 받을 수 있고, 초등교육은 반드시 받아야 해요.
**제27조** 자유롭게 문화생활을 즐길 수 있어요.

(세계 인권 선언 일부 조항 발췌)

**1** 세계 인권 선언에 대해 잘못 이해한 사람의 이름을 쓰세요.

- 서우: 필요에 따라 다른 사람의 인권을 빼앗을 수 있는 경우를 제시하고 있어.
- 다은: 국제 연합 총회에서 세계 인권 선언을 채택한 날은 1948년 12월 10일이야.
- 민준: 사람은 태어나면서 누구나 똑같이 기본적 권리를 갖는다는 내용을 담고 있어.

(         )

**2** 다음 각 조항과 관련하여 인권을 보호받지 못한 사람은 누구인가요? (     )

① 제10조: 김 씨는 죄를 지어 공정한 재판을 받고 감옥에 가게 되었다.

② 제13조: 해수는 여름 방학 때 가족과 함께 제주도로 여행을 다녀왔다.

③ 제17조: 최 회장은 오랫동안 열심히 돈을 벌어 많은 재산을 모았다.

④ 제23조: 박 씨는 다니던 회사를 그만둔 후 자신의 식당을 열었다.

⑤ 제26조: 아람이는 집안 사정으로 초등학교에 다니지 않았다.

인권은 사람이 사람답게 살아가기 위해 마땅히 누려야 할 권리로, 이 세상의 모든 사람이 인간이기 때문에 가지는 근본적인 권리를 말합니다. ㉠'사람답게 살아간다.'라는 것은 단순히 생명을 유지하는 것에서 나아가 사람으로서 사회에 참여할 수 있고, 교육을 받을 수 있으며, 일을 할 수 있고, 자신의 언어로 말할 수 있으며, 평화롭게 살 수 있어야 한다는 것을 의미합니다.

모든 사람은 인간으로서 ❶존엄성과 권리를 가지고 평등하게 태어났습니다. 따라서 모든 인권은 평등하며, 모든 사람은 성별이나 인종, 나이, 국적 등에 의해 차별받지 않고 각자 개성에 따라 자유롭게 생각하고 행동하며 살아갈 수 있습니다. 인권은 사람이 태어나는 순간부터 주어지는 것이기 때문에 '하늘이 부여해 준 권리'라는 뜻에서 '천부 인권'이라고도 합니다. 즉, 인권은 사람이라면 누구나 가지는 자연적이고 ❷양도 불가능하며 ❸신성불가침한 권리입니다.

그러나 '모든 사람의 인권'이라는 생각이 등장한 것은 그리 오래된 일이 아닙니다. 오늘날에는 누구나 인권을 보장받고 누리는 것을 당연하게 여기지만 예전에는 인종, 성별, 언어, 문화, 경제적인 부, 사회적인 신분, 신체 장애 등에 따라 인권이 무시되는 일이 많았습니다. 인권이 제대로 보장되지 못하던 시절에 흑인과 노예, 여성과 아동은 인간으로서 마땅히 누려야 할 인권의 ❹주체에서 제외되었습니다. 미국에서 법적으로 노예 제도가 사라진 것은 1865년이고, 인종 차별이 없어진 것은 1964년의 일입니다. 세계적으로 여성이 ❺참정권을 획득한 지는 120여 년 정도밖에 되지 않았으며, 아동의 인권에 대한 인식이 확대된 것도 50년 남짓밖에 되지 않았습니다.

옛날에는 우리나라에도 신분 제도가 있어서 사람들은 신분에 따라 차별과 ❻제약을 받았습니다. 신분은 선택할 수 있는 것이 아니었기 때문에 태어날 때부터 누군가는 양반이 되고 누군가는 평민이나 노비가 되어야 했습니다. 양반이 아닌 사람은 공부할 수 없었고, 노비는 주인을 위해 힘든 일을 했으며 물건처럼 팔리기도 했습니다. 우리나라를 비롯하여 신분 제도가 있던 나라의 사람들은 오랜 세월 동안 이러한 차별에 저항하였고, 이제는 우리나라를 포함한 대부분의 나라에서 신분의 구별이 사라지게 되었습니다.

모든 사람이 평등하게 인권을 보장받을 수 있기까지 많은 시간과 노력이 들었습니다. 지금 우리가 누리는 자유와 권리는 인권과 자유를 열망한 많은 사람들의 희생과 노력으로 쟁취한 것입니다. 따라서 우리는 인권에 대해 바르게 알고 이를 지키기 위해 스스로 노력해야 합니다.

--------------------------------------------------

❶ **존엄성**: 함부로 낮게 다룰 수 없을 만큼 위엄이 있는 것.
❷ **양도**: 재산이나 물건을 남에게 넘겨줌.
❸ **신성불가침**: 신성하여 함부로 침범할 수 없음.
❹ **주체**: 사물의 작용이나 어떤 행동의 주가 되는 것.
❺ **참정권**: 국민이 직접 또는 간접으로 정치에 참여할 수 있는 권리.
❻ **제약**: 조건을 붙여 내용을 제한함. 또는 그 조건.

**1** 이 글의 중심 낱말은 무엇인지 쓰세요.

(                  )

**2** 이 글에서 알 수 있는 내용은 어느 것인가요? (     )

① 인권이라는 말이 등장한 시기
② 미국에서 노예 제도가 사라진 때
③ 신분 제도 폐지를 위해 노력한 사람
④ 우리나라에서 신분 제도가 폐지된 때
⑤ 현재 신분 제도가 시행되고 있는 나라

**3** 이 글의 내용과 맞지 <u>않는</u> 것은 어느 것인가요? (     )

① 모든 사람에게는 동등한 인권이 있다.
② 사람에게는 누구나 사람답게 살 수 있는 권리가 있다.
③ 사람은 누구나 자유롭게 생각하고 행동하며 살아갈 수 있다.
④ 인권은 아주 오래전부터 모든 사람들이 누려 온 자연적 권리이다.
⑤ 옛날 우리나라에서는 신분에 따라 할 수 있는 일과 할 수 없는 일이 정해져 있었다.

**4** 인권의 특징을 나타내는 낱말 카드를 모두 골라 ○표 하세요.

| 제약 | 침해 | 차별 | 평등 | 존엄성 |
|---|---|---|---|---|
| (    ) | (    ) | (    ) | (    ) | (    ) |

**5** ㉠에 포함된 뜻으로 알맞지 <u>않은</u> 것은 어느 것인가요? (     )

① 교육을 받는다.           ② 평화롭게 살아간다.
③ 일을 하며 살아간다.     ④ 자신의 언어로 말한다.
⑤ 타고난 신분대로 살아간다.

**6** 다음 빈칸에 들어갈 알맞은 말을 이 글에서 찾아 쓰세요.

> 인권은 사람이 태어나는 순간부터 주어지는 것이기 때문에 '하늘이 부여해 준 권리'
> 라는 뜻에서 (                    )(이)라고도 한다.

**7** 이 글의 뒤에 이어질 내용으로 알맞은 것을 보기 에서 모두 고른 것은 어느 것인가요?

(          )

> 보기   ㉠ 인권의 뜻
>        ㉡ 인권의 종류
>        ㉢ 인권의 주체
>        ㉣ 인권을 지킬 수 있는 방법

① ㉠, ㉡                      ② ㉠, ㉣                      ③ ㉡, ㉢
④ ㉡, ㉣                      ⑤ ㉢, ㉣

**8** 이 글을 읽은 후의 반응이 적절하지 <u>않은</u> 사람은 누구인가요?          (          )

① 가을: 인권을 지키기 위해 노력한 사람들에게 고마운 마음이 들어.
② 선하: 과거에 노비로 태어났다면 사람답게 살아갈 수 없었을 거야.
③ 승우: 인권에 대해 바르게 알고 내가 누릴 인권을 스스로 지켜내겠어.
④ 지아: 나의 인권이 소중하듯 다른 사람의 인권도 소중히 생각해야 해.
⑤ 도현: 인권을 제대로 보장받지 못하는 사람들에게 나의 인권을 나누어 주고 싶어.

**인권을 지키기 위해 버려야 할 것**

세상의 모든 사람은 서로 다릅니다. 하지만 '다르다'는 것을 '옳지 못한 것', '틀린 것'으로 잘못 이해하여 차별한다면 인권은 지켜질 수 없습니다. 생긴 모습이 나와 다르다고, 피부색이 다르다고 상대에 대해 편견을 가져서는 안 됩니다. 인권을 지키기 위해서는 서로의 다름을 인정하고, 차별하거나 편견을 갖는 태도를 버려야 합니다.

**1** 다음 밑줄 친 낱말의 뜻을 보기 에서 찾아 기호를 쓰세요.

> 보기
> ㉠ 재산이나 물건을 남에게 넘겨줌.
> ㉡ 조건을 붙여 내용을 제한함. 또는 그 조건.
> ㉢ 사물의 작용이나 어떤 행동의 주가 되는 것.

(1) 경제 활동의 주체 중 하나는 기업이다. ( )

(2) 그는 자신의 재산 중 일부를 자녀에게 양도하였다. ( )

(3) 그녀는 단체 생활을 하며 여러 가지 제약을 받았다. ( )

**2** 다음 문장에 들어갈 알맞은 낱말을 골라 ○표 하세요.

(1) { 숲으로 들어간 토끼는 ( 자취 / 쟁취 )를 감추었다.
우리 팀은 10전 전승으로 우승을 ( 자취 / 쟁취 )하였다.

(2) { 모든 사람은 교육을 받을 권리가 ( 보장 / 보충 )되어 있다.
부족한 재료를 ( 보장 / 보충 )하기 위해 추가로 주문을 하였다.

(3) { 우리 도서관에서는 자료를 자유롭게 ( 열람 / 열망 )할 수 있다.
그는 국가 대표 태권도 선수가 되고 싶다는 ( 열람 / 열망 )이 강했다.

**3** 다음 문장에서 '지키다'가 어떤 뜻으로 사용되었는지 번호를 쓰세요.

지키다
① 재산, 이익, 안전 등을 잃거나 침해당하지 않도록 보호하거나 감시하여 막다.
② 길목이나 통과 지점 등을 주의를 기울여 살피다.
③ 규정, 약속, 법, 예의 등을 어기지 않고 그대로 실행하다.
④ 지조, 절개, 정조 등을 굽히지 않고 굳게 지니다.

(1) 그의 임무는 국경을 지키는 것이다. ( )

(2) 라미가 약속 시간을 지키지 않아서 하영이는 화가 났다. ( )

(3) 간송 전형필은 전 재산을 바쳐 우리의 소중한 문화유산을 지켰다. ( )

(4) 오늘 수업 시간에 단종에 대한 충절을 지킨 신하들을 알아보았다. ( )

# 어린이의 인권을 지켜요

 **매체 독해** 다음 공익 광고를 보고, 물음에 답해 봅시다.

(가)

(나)

(출처: 한국방송광고진흥공사)

**1** 두 광고의 공통적인 목적으로 알맞은 것에 ○표 하세요.

| 아동 학대를 예방하는 것 | 아이의 개성을 존중해야 함을 알리는 것 | 부모와 자녀 사이에 솔직한 대화가 필요함을 알리는 것 |
|---|---|---|
| ☐ | ☐ | ☐ |

**2** 이 광고에 대해 잘못 이해한 것은 어느 것인가요? ( )

① (가)에서 일기를 쓴 아이는 가정 폭력을 당하고 있다.

② (가)는 아동 학대를 알게 되었을 때 신고하라는 의미를 전달하고 있다.

③ (나)에서는 아동 학대를 저질렀을 때 어떤 처벌을 받는지 알려 주고 있다.

④ (나)에서 '맞았나요'는 답이 맞았다는 뜻과 매를 맞았다는 뜻을 모두 담고 있다.

⑤ (나)에서 아이의 답을 통해 가정에서 리코더를 매로 사용한 적이 있음을 알 수 있다.

인권은 사람이라면 누구나 태어나면서부터 가지는 권리입니다. 따라서 어린이도 어른과 마찬가지로 인권을 누릴 수 있어야 합니다. 제대로 배우고 놀 수 있는 환경에서 자라야 하며, 성별이나 국적 등에 관계없이 평등하게 대우받아야 합니다. 하지만 어린이는 자신을 스스로 돌보기 어렵고 마땅히 누려야 할 인권을 잘 알지 못하여 인권을 보장받지 못하는 경우가 많습니다. 어린이는 체구만 작을 뿐 온전한 한 명의 사람입니다. 사회적 약자이므로 특별한 보호와 배려가 필요하지만 어른이 아니라고 해서 어른들이 통제할 수 있는 존재로만 대해서는 안 됩니다.

세상의 모든 어린이는 보호받을 권리가 있습니다. 하지만 아직도 전 세계 수백만 어린이들이 나이, 종교, 문화, 경제적 이유로 폭력, ❶착취, ❷학대에 노출되어 있습니다. 어린이 ❸구호 단체인 유니세프 한국위원회의 조사에 따르면, 수많은 어린이가 권리를 보장받지 못하고 노동에 내몰리거나, 매년 영양 부족으로 고통받거나, 가난과 질병으로 생명을 잃고, ❹인신매매되기도 하며, 전쟁 지역의 소년병으로 생활하고 있다고 합니다. 유엔에서는 이렇게 인권 침해에 노출되어 있는 어린이들을 보호하기 위해 어린이가 누려야 할 권리를 담아 '유엔 아동 권리 협약'을 만들었습니다. 이 협약은 1989년 11월 20일 유엔 총회에서 유엔 가입국들이 모여 ❺제정하였으며, 만 18세 미만 어린이의 모든 권리, 즉 생존의 권리, 보호의 권리, 발달의 권리, 참여의 권리에 대하여 폭넓게 규정하고 있습니다.

우리나라에서도 유엔 아동 권리 협약을 충실히 지키기 위해 '아동 권리 ❻헌장'을 만들었습니다. 우리나라는 어린이의 권리를 보장하기 위해 많은 노력을 하였으나, 어린이의 인권에 대한 인식 수준이 낮고, 어린이가 느끼는 행복 지수 또한 낮았습니다. 이에 2016년 어린이날을 맞아 아동의 권리를 존중하기 위한 약속으로 아동 권리 헌장을 마련한 것입니다. 아동 권리 헌장은 전문과 9개 조항으로 이루어져 있으며, 아동의 권리와 어른의 책임을 규정하고 있습니다. 각 조항은 생명을 존중받을 권리, 학대로부터 보호받을 권리, 차별받지 않을 권리, 교육받을 권리, 놀 권리, 표현할 권리 등 다양한 어린이 인권을 어린이의 눈높이에서 다루고 있습니다.

어린이의 인권을 보호하고 실현하기 위해서는 어린이 스스로 자신의 권리를 알고 지킬 수 있어야 하며, 다른 어린이의 권리도 지킬 수 있어야 합니다. 나아가 부모와 사회, 국가와 지방 자치 단체에게는 어린이의 이익을 최우선으로 고려하고, 어린이의 권리를 존중하고 보장하기 위해 노력해야 할 책임이 있습니다.

---

❶ **착취**: 자원이나 재산, 노동력 등을 정당한 대가를 주지 않고 자기 것으로 만들어 가짐.

❷ **학대**: 몹시 괴롭히거나 가혹하게 대우함.

❸ **구호**: 재해나 재난 등으로 어려움에 처한 사람을 도와 보호함.

❹ **인신매매**: 사람을 물건처럼 사고팖.

❺ **제정**: 제도나 법률 등을 만들어서 정함.

❻ **헌장**: 어떠한 사실에 대하여 약속을 이행하기 위하여 정한 규범.

**1** 빈칸에 알맞은 말을 넣어 이 글의 제목을 완성하세요.

> (                    )의 인권 보호

**2** 이 글의 설명 방법으로 알맞지 <u>않은</u> 것은 어느 것인가요?　　　　　　　　(　　　　)

① 중요한 단어의 의미를 설명하였다.
② 구체적인 예를 들어 내용을 설명하였다.
③ 정확한 시기와 사실에 기초한 내용을 제공하였다.
④ 권위 있는 기관에서 발표한 자료를 근거로 제시하였다.
⑤ 두 대상의 차이점을 중심으로 각각의 특징을 설명하였다.

**3** 어린이의 인권에 대한 설명으로 알맞은 것은 어느 것인가요?　　　　　　　　(　　　　)

① 태어나면서부터 가지는 권리이다.
② 어른들의 보호 아래에서만 누릴 수 있다.
③ 성별이나 국적 등에 따라 다르게 적용된다.
④ 제대로 배우고 자란 어린이에게만 보장해야 한다.
⑤ 종교나 문화적 차이에 따라 누릴 수 있는 정도가 다르다.

**4** 어린이의 인권을 보호해야 하는 까닭으로 알맞은 것은 어느 것인가요?　　　　(　　　　)

① 어린이는 부모의 소유물이기 때문에
② 어린이는 어른들이 통제할 수 있기 때문에
③ 어린이는 혼자서는 아무것도 못하기 때문에
④ 어린이는 모두 위험에 노출되어 있기 때문에
⑤ 어린이는 온전한 사람이자 사회적 약자이기 때문에

**5** '유엔 아동 권리 협약'에 대한 설명으로 알맞지 <u>않은</u> 것은 어느 것인가요? ( )

① 1989년에 유엔 총회에서 제정하였다.

② 만 18세 미만의 어린이를 대상으로 한다.

③ 어린이가 누려야 할 권리의 내용을 폭넓게 규정하였다.

④ 유엔에 가입하지 않은 나라들도 이 협약을 충실히 지키고 있다.

⑤ 우리나라에서는 협약을 지키기 위해 '아동 권리 헌장'을 만들었다.

**6** '유엔 아동 권리 협약'에서 규정한 어린이의 권리를 다음과 같이 표로 정리할 때, 알맞지 <u>않은</u> 것은 어느 것인가요? ( )

유엔 아동 권리 협약

| ㉠ 독립의 권리 | ㉡ 발달의 권리 | ㉢ 보호의 권리 | ㉣ 생존의 권리 | ㉤ 참여의 권리 |

① ㉠          ② ㉡          ③ ㉢          ④ ㉣          ⑤ ㉤

**7** 어린이 인권을 높이기 위한 방법으로 알맞은 것에는 ○표, 알맞지 <u>않은</u> 것에는 ×표 하세요.

(1) 어린이가 어떠한 잘못을 하더라도 눈감아 준다. ( )

(2) 어린이가 원하는 것을 배울 수 있도록 도와준다. ( )

(3) 학교에서 어린이 인권 교육을 의무적으로 실시한다. ( )

**아동으로서 우리가 누리는 인권**

사람이라면 누구나 사람으로서 존중받을 권리가 있습니다. 어린이는 어른과 똑같이 인권을 누릴 수 있으며, 나아가 사회적 약자로서 인권을 보호받아야 합니다. 어린이들이 건강하고 행복하게 성장하기 위해 필요한 권리를 알고, 일상생활 속에서 그 권리를 스스로 지킬 수 있어야 합니다.

**1** 다음 뜻을 가진 낱말을 보기 에서 찾아 쓰세요.

> 보기    구호    착취    학대    헌장

(1) 몹시 괴롭히거나 가혹하게 대우함. ( )

(2) 재해나 재난 등으로 어려움에 처한 사람을 도와 보호함. ( )

(3) 어떠한 사실에 대하여 약속을 이행하기 위하여 정한 규범. ( )

(4) 자원이나 재산, 노동력 등을 정당한 대가를 주지 않고 자기 것으로 만들어 가짐.
( )

**2** 다음 빈칸에 들어갈 말의 뜻을 보고, 알맞은 낱말을 보기 에서 찾아 쓰세요.

> 보기    실현하다    충실하다    침해하다

(1) 오랫동안 품고 있던 계획을 _____.
  └ 꿈, 기대 등을 실제로 이루다.

(2) 누리는 학생으로서 학업에 _____.
  └ 충직하고 성실하다.

(3) 참고한 자료의 출처를 밝히지 않아 다른 사람의 저작권을 _____.
  └ 침범하여 해를 끼치다.

**3** 다음 문장에서 밑줄 친 낱말의 기본형을 쓰고, 이와 비슷한 뜻을 가진 낱말을 보기 에서 찾아 쓰세요.

> 보기    만끽하다    보살피다    제정하다

(1) 선생님이 학생들을 돌보았다.  [ ] ― [ ]

(2) 하연이는 방학을 맞이하여 자유를 누리고 있다.  [ ] ― [ ]

(3) 학급 회의에서 우리 반 인권 선언문을 만들었다.  [ ] ― [ ]

# 인권 신장을 위해 노력한 사람들

 **매체 독해** 다음 연설문을 보고, 물음에 답해 봅시다.

---

## 나에게는 꿈이 있습니다

나에게는 꿈이 있습니다.
조지아 주의 붉은 언덕에서 노예의 후손들과 노예 주인의 후손들이
형제처럼 손을 맞잡고 나란히 앉게 되는 꿈입니다.

나에게는 꿈이 있습니다.
이글거리는 불의의 억압이 존재하는 미시시피 주가
자유와 정의의 오아시스가 되는 꿈입니다.

나에게는 꿈이 있습니다.
내 아이들이 피부색을 기준으로 사람을 평가하지 않고
인격을 기준으로 사람을 평가하는 나라에서 살게 되는 꿈입니다.

나에게는 꿈이 있습니다.
흑인 어린이들이 백인 어린이들과
형제자매처럼 손을 마주 잡을 수 있는 날이 올 것이라는 꿈입니다.

(1963년 8월 28일 워싱턴 대행진에서의 마틴 루서 킹 연설문 중에서)

---

**1** 이 연설을 통해 말하고자 하는 바로 알맞은 것은 어느 것인가요? ( )

① 백인들이 즐겁게 살아가는 세상을 만들자.
② 지역을 균형 있게 발전시키기 위해 노력하자.
③ 빈부격차 때문에 생기는 경제적 불평등을 해결하자.
④ 학업 성적 때문에 차별받는 사회적 분위기를 없애자.
⑤ 모든 사람은 평등하므로 피부색이 다르다고 차별하지 말자.

**2** 이 연설문에서 알 수 있는 내용으로 알맞은 것에는 ○표, 알맞지 **않은** 것에는 ×표 하세요.

(1) 옛날 미국에는 노예 제도가 있었다. ( )
(2) 연설 당시 미시시피 주에는 자유와 정의가 넘쳐나고 있었다. ( )
(3) 당시 흑인 어린이들과 백인 어린이들은 형제처럼 친하게 지냈다. ( )

　과거에는 세계 대부분의 국가에 신분 제도가 있었기 때문에 모든 사람에게 동등한 권리와 가치가 주어지지 않았습니다. 많은 사람이 자유를 누리지 못했고 착취와 학대를 받기도 하였습니다. 특히 여성이나 어린이와 같은 사회적 약자들의 인권이 부당하게 무시되는 경우가 많았습니다. 이렇게 침해 당한 인권을 되찾기 위해 노력했던 사람들에 대해 알아봅시다.

　우리나라에서 인권 **❶**신장을 위해 노력했던 대표적인 인물로 허균이 있습니다. 허균은 조선 시대 사람으로, 당시의 불평등한 사회 제도를 고쳐야 한다는 생각을 담아『홍길동전』을 썼습니다. 허균은 『홍길동전』을 통해 신분이 낮다는 이유로 능력을 펼칠 기회조차 주지 않는 당시 신분 제도를 비판하고, 신분이 낮은 백성들의 처지에서 인권 신장을 위해 노력했습니다.

　방정환은 어린이의 인권 신장을 위해 노력한 사람입니다. 옛날 사람들은 어리다는 이유로 어린이의 생각을 무시하거나 어린이를 어른의 소유로 여겼습니다. 하지만 방정환은 '늙은이', '젊은이'와 대등한 의미가 있는 '어린이'라는 용어를 처음으로 만들고, 어린이도 어른과 마찬가지로 동등한 하나의 **❷**인격체로 대해야 한다고 주장했습니다. 그는 모든 어린이가 꿈과 희망을 품고 행복하게 자라기를 바라는 마음을 담아 처음으로 어린이날을 만들었고, 아동 문학 보급에도 힘쓰는 등 진정한 어린이 세상을 만들고자 노력하였습니다.

　다른 나라에도 인권 신장을 위해 노력한 사람들이 있습니다. 인도의 테레사 수녀는 가난한 사람과 버림받은 아이들을 위해 평생을 바쳤습니다. 그녀는 검은 수녀복 대신 신분이 낮은 인도 여성들이 입던 흰색 **❸**사리를 입고 빈민가에서 가난하고 아픈 사람들을 돌봤으며, 버림받은 아이에게도 인권이 있음을 알리고 그들을 존중하는 태도를 가져야 함을 주장했습니다. 테레사 수녀는 이러한 공로를 인정받아 1979년에 노벨 평화상을 수상했으며 그 밖에도 세계 여러 나라에서 **❹**훈장을 받았습니다.

　㉠ 넬슨 만델라는 대표적인 흑인 인권 운동가입니다. 그는 흑인들의 자유와 권리를 지키기 위해 군사 조직을 만들어 싸우다가 감옥에 갇혔지만, 갇혀 있는 27년 동안 편지를 통해 인권 운동을 펼친 끝에 '인종 차별 정책 폐지'를 이끌어 냈습니다. 수감 생활을 하던 그는 진정한 차별을 없애기 위해서는 흑인과 백인 모두 화해와 용서가 필요함을 깨닫고, 감옥에서 나온 후 **❺**비폭력·평화주의 운동을 펼쳤습니다. 그는 세계 인권 운동의 상징이 되어 1993년에 노벨 평화상을 수상하기도 했으며, 1994년에는 민주적인 선거를 통해 남아프리카공화국 최초의 흑인 대통령이 되었습니다.

---

**❶ 신장**: 세력이나 권리 등이 늘어남. 또는 늘어나게 함.
**❷ 인격체**: 스스로 책임을 질 자격을 가진 독립적인 개인.
**❸ 사리**: 인도의 여성들이 입는 민속 의상. 천 한쪽 끝에서 시작해 허리에 감고 어깨에 두르거나 머리에 덮어씌워 입음.
**❹ 훈장**: 나라와 사회에 크게 공헌한 사람에게 주는 띠, 리본, 배지 등의 것.
**❺ 비폭력주의**: 부정한 권력이나 정치 체제에 대해 폭력을 사용하지 않고 저항하는 사상.

**1** 이 글의 중심 내용으로 알맞은 것은 어느 것인가요? ( )

① 우리나라의 인권 신장 과정
② 인권 신장을 위하여 노력한 사람들
③ 우리나라의 인권 신장을 도운 외국인들
④ 인도와 남아프리카공화국의 인권 신장 과정
⑤ 가난한 사람의 인권을 신장시키기 위한 국제적 노력

**2** 이 글에 등장한 사람들의 공통점으로 알맞은 것은 어느 것인가요? ( )

① 노벨 평화상을 수상하였다.
② 가난한 나라의 사람들을 돕기 위해 노력하였다.
③ 노약자의 인권을 신장하기 위한 운동을 펼쳤다.
④ 부당한 대우를 받는 사람들의 권리를 지키고자 노력하였다.
⑤ 사람을 차별하는 사회 제도를 고치기 위해 폭력적인 방법으로 항의하였다.

**3** 이 글의 내용으로 알맞지 <u>않은</u> 것은 어느 것인가요? ( )

① 방정환은 '어린이'라는 용어를 처음으로 만들었다.
② 허균은 책을 지어 백성들의 인권 신장을 주장하였다.
③ 테레사 수녀는 버림받은 아이들도 존중받기를 바랐다.
④ 넬슨 만델라는 흑인들이 차별받지 않도록 하기 위해 노력하였다.
⑤ 우리나라에서는 현대 사회에 이르러서야 비로소 인권 운동이 시작되었다.

**4** ㉠에 대한 설명으로 알맞은 것에는 ○표, 알맞지 <u>않은</u> 것에는 ×표 하세요.

(1) 남아프리카공화국 최초의 흑인 대통령이자 인권 운동가이다. ( )
(2) 감옥에 다녀온 이후에는 군사 조직을 만들어 인권 운동을 펼쳤다. ( )
(3) 수감 기간 동안에도 인권 운동을 펼쳐 인종 차별 정책 폐지를 이끌었다. ( )

**5** 이 글을 바탕으로 『홍길동전』을 이해한 내용으로 알맞지 <u>않은</u> 것은 어느 것인가요?

(       )

> 양반인 아버지와 노비인 어머니 사이에서 태어난 홍길동은 재능이 뛰어났지만, 노비의 자식이라는 이유로 벼슬을 할 수 없었다. 이에 의적이 된 길동은 임금에게 벼슬을 한 번 받아 한을 푼 뒤 조선을 떠나 율도국으로 가서 왕이 되었다.

① 홍길동은 양반인 아버지 덕분에 조선에서 왕이 되었다.
② 홍길동은 당시 사회 제도 때문에 부당한 대우를 받았다.
③ 홍길동은 어머니가 노비라는 이유로 벼슬을 할 수 없었다.
④ 당시 조선 사회는 신분이 낮은 사람의 인권이 존중되지 않았다.
⑤ 작가는 홍길동을 통해 당시 조선 사회의 신분 제도를 비판하였다.

**6** 세계의 인권상 수상 후보자를 추천할 때 알맞지 <u>않은</u> 사람은 누구인가요? (       )

① 홀로 사는 노인을 위해 무료 급식소를 운영하는 김한국 씨
② 매년 장애인들의 눈과 발이 되어 마라톤을 함께 뛰는 박하늘 씨
③ 병원의 환자들에게 매주 무료 음악 공연을 하는 가수 김사랑 씨
④ 용돈을 모아서 매달 불우 이웃 돕기 성금으로 기부하는 이천사 씨
⑤ 취업 준비를 위한 책을 만들어 팔아 이익을 얻는 출판사 사장 황덕보 씨

**7** 이 글을 읽은 후의 반응이 적절하지 <u>않은</u> 사람은 누구인가요? (       )

① 나은: 모든 사람의 권리는 존중받아야 해.
② 도현: 과거에는 모든 사람이 동등한 기회를 얻을 수 없었구나.
③ 성준: 나와 다르다고 해서 상대를 무시하는 건 정말 나쁜 태도야.
④ 윤아: 다른 사람이 베푸는 호의가 권리인 줄 아는 사람이 많아지겠어.
⑤ 유민: 상대가 약하다고 해서 함부로 대하는 태도는 반드시 고쳐야 해.

**세계의 인권 운동가들**
인권 운동가는 모든 사람이 인권을 보장받을 수 있도록 힘쓰는 사람입니다. 세계에는 과거부터 현재까지 사회에 만연한 차별을 없애고 모두가 인권을 누릴 수 있도록 노력하는 많은 인권 운동가들이 있습니다.

**1** 다음 밑줄 친 낱말의 뜻을 보기 에서 찾아 기호를 쓰세요.

> 보기
> ㉠ 스스로 책임을 질 자격을 가진 독립적인 개인.
> ㉡ 나라와 사회에 크게 공헌한 사람에게 주는 띠, 리본, 배지 등의 것.
> ㉢ 부정한 권력이나 정치 체제에 대해 폭력을 사용하지 않고 저항하는 사상.

(1) 인간은 모두 하나의 독립된 인격체이다. ( )

(2) 할아버지께서 받으신 훈장은 거실에 전시되어 있다. ( )

(3) 많은 사람들이 자신의 권리를 찾기 위해 비폭력주의 시위를 하였다. ( )

**2** 다음 두 낱말과 같은 의미 관계에 있는 것을 골라 ○표 하세요.

(1) 부당하다 : 정당하다

| 날렵하다 : 재빠르다 | 겸손하다 : 교만하다 | 발달하다 : 발전하다 |

(2) 대등하다 : 동등하다

| 명료하다 : 분명하다 | 무용하다 : 유용하다 | 축소하다 : 확대하다 |

**3** 다음 문장에서 '신장'이 어떤 뜻으로 사용되었는지 번호를 쓰세요.

신장
① 세력이나 권리 등이 늘어남. 또는 늘어나게 함.
② 사람의 키.
③ 몸 안의 불필요한 물질을 오줌으로 걸러 내는 구실을 하는 기관.

(1) 도훈이의 신장은 160 cm로 우리 반에서 제일 크다. ( )

(2) 모두 힘을 합친 덕분에 국민의 자유와 권리가 신장되었다. ( )

(3) 미래는 신장에 염증이 생겨서 한참 동안 병원에서 치료를 받았다. ( )

# 헌법에 국민의 권리를 규정하고 있어요

**매체 독해** 다음 신문 기사를 보고, 물음에 답해 봅시다.

---

□□신문                                                          20○○년 ○월 ○일

---

## 신축 건물 늘자 잇따르는 일조권 갈등

최근 ○○ 마을의 A씨와 B씨는 일조권 문제로 갈등을 겪었습니다. B씨가 이사를 오면서 새로 건물을 지었는데, 이 건물이 높아서 주변에 있던 A씨의 집을 비추던 햇빛이 차단된 것입니다. 이에 A씨는 집 앞에 높은 건물이 들어오면서 햇빛이 완전히 차단되어 낮에도 형광등을 켜고 살아야 하는 등 일조권을 침해당했다며 새 건물을 철거해 줄 것을 요구했습니다. 하지만 B씨는 자신이 열심히 돈을 모아 산 땅에 건물도 짓지 못하게 하는 것은 말이 안 된다며 강하게 맞섰습니다.

결국 이들의 문제는 법원까지 가서 해결되었습니다. 법원은 건물의 높이를 조정하여 이웃집에 피해를 주지 않는 선에서 건물을 짓도록 판결하였고, 사람들은 이에 따라 서로의 의견을 조정하기로 하였습니다.

---

**1** 기사에 나타난 갈등에 대한 설명으로 알맞지 **않은** 것은 어느 것인가요?                    (          )

① A씨와 B씨의 권리가 서로 충돌한 상황이다.
② A씨는 B씨의 건물을 더 높이 지어 주기를 요구했다.
③ A씨는 B씨의 건물로 인해 자신의 권리를 침해당했다고 주장했다.
④ B씨는 자신의 재산을 자유롭게 개발할 수 없는 것은 부당하다고 주장했다.
⑤ B씨가 지은 새 건물이 A씨의 집에 드는 햇빛을 차단하면서 갈등이 발생했다.

**2** 이 글에 대해 **잘못** 이해한 사람의 이름을 쓰세요.

> • 유건: 두 사람의 갈등은 결국 법을 통해 해결이 되었구나.
> • 준수: 법원은 두 사람이 서로의 권리를 침해하지 않도록 조율하였구나.
> • 소민: 법원은 햇빛을 받을 권리보다 땅을 이용할 권리가 더 중요하다고 판단했구나.

(          )

모든 사람에게는 인간다운 삶을 **❶영위**하기 위해 인간으로서 당연히 누려야 할 기본적인 인권이 있습니다. 오늘날 민주주의 국가에서는 헌법을 통해 이러한 기본적 인권을 보장하고 있습니다. 이때 헌법에 보장된 인권을 기본권이라고 합니다. 우리 헌법에서는 인간의 존엄과 가치 및 행복 추구권을 최고의 가치로 하여 평등권, 자유권, 참정권, 청구권, 사회권을 기본권으로 규정하고 있습니다. 인간의 존엄과 가치 및 행복 추구권은 기본권이 **❷지향**하는 근본 가치인 동시에 다른 기본권을 포함하는 **❸포괄적** 성격의 권리입니다.

평등권은 성별이나 종교, 직업, 장애 등에 의해 차별받지 않고 동등하게 대우받을 권리입니다. 법과 기회 앞에서 모든 국민은 평등하며, 생활의 모든 영역에서 불합리한 차별을 일절 받지 않아야 합니다. 자유권은 국가로부터 간섭을 받지 않고 자유롭게 생활할 수 있는 권리입니다. 국가 권력이 행사되지 않음으로써 보장되는 소극적 권리로, **❹신체의 자유**, **❺거주 이전의 자유**, 사생활의 자유, 종교의 자유, 표현의 자유, 경제 활동의 자유 등이 있습니다.

참정권은 국민의 한 사람으로서 정치에 참여할 수 있는 권리입니다. 선거에 참여할 권리, 투표할 수 있는 권리, 공무원이 되어 직접 나랏일에 참여할 수 있는 권리 등 직접 참여를 통해 실현되는 **❻능동적** 권리입니다. 청구권은 기본권 침해 시 국민이 국가에 어떤 행위를 해 달라고 요구할 수 있는 권리입니다. 이는 다른 기본권을 보장하기 위한 수단으로서의 권리이며, 기본권을 실현하기 위한 절차의 성격을 가집니다.

㉠ 사회권은 인간답게 살 수 있도록 국가에 요구할 수 있는 권리입니다. 생계를 유지할 수 있도록 보호받을 권리, 모든 국민이 능력에 따라 균등하게 교육을 받을 수 있는 권리, 건강하고 쾌적한 환경에서 생활할 수 있는 권리, 일할 수 있는 권리 등이 해당됩니다. 사회권은 국가의 적극적인 **❼개입**이 필요한 권리로, 현대의 복지 국가에서 강조되고 있는 기본권입니다.

헌법은 대한민국을 꾸려 가는 원칙과 국민의 권리와 의무를 규정한 국가의 최고 법입니다. 국민의 권리를 최고 법인 헌법으로 보장하는 까닭은 국가가 함부로 국민의 인권을 침해할 수 없도록 하기 위해서입니다. 이를 통해 대한민국은 국민이 주인인 민주주의 국가임을 보장하고 국민 한 사람한 사람의 존엄성과 가치를 보호합니다.

------

❶ **영위**: 일을 꾸려 나감.

❷ **지향**: 어떤 목표로 뜻이 쏠리어 향함. 또는 그 방향이나 그쪽으로 쏠리는 의지.

❸ **포괄적**: 일정한 대상이나 현상 등을 어떤 범위나 한계 안에 모두 끌어넣는 것.

❹ **신체의 자유**: 법률에 따르지 않고는 신체적 제한이나 구속을 받지 않을 권리.

❺ **거주 이전의 자유**: 공공복지에 위반되지 않는 한 자유롭게 일정한 곳에서 살거나 이사할 수 있는 자유.

❻ **능동적**: 다른 것에 이끌리지 않고 스스로 일으키거나 움직이는 것.

❼ **개입**: 자신과 직접적인 관계가 없는 일에 끼어듦.

**1** 이 글의 내용을 다음과 같이 정리할 때, 빈칸에 알맞은 말을 쓰세요.

> 우리나라에서는 모든 사람이 당연히 누려야 하는 기본적인 인권을 헌법에 규정하여 보장하고 있다. 이때 헌법에 보장된 인권을 (　　　　　　　　)(이)라고 한다.

**2** 이 글과 비슷한 짜임으로 내용을 설명할 수 있는 주제는 어느 것인가요?　　　(　　　　)

① 경제 순환의 원리
② 생산 활동의 종류
③ 라면을 끓이는 방법
④ 남극과 북극의 차이점
⑤ 나라가 만들어지는 과정

**3** 기본권의 특징에 대한 설명으로 알맞은 것은 어느 것인가요?　　　(　　　　)

① 상황에 따라 정부에서 제한할 수 있는 권리이다.
② 일정한 나이가 된 국민만이 가질 수 있는 권리이다.
③ 우리나라의 주인은 대통령임을 보여 주는 권리이다.
④ 우리 국민이라면 당연히 누구나 누려야 할 권리이다.
⑤ 국민으로서 의무를 지킨 후에 가질 수 있는 권리이다.

**4** 헌법에서 규정한 기본권에 대한 설명이 <u>잘못된</u> 것은 어느 것인가요?　　　(　　　　)

① 평등권: 성별, 종교, 장애 등에 의해 차별받지 않을 권리
② 참정권: 국민의 한 사람으로 정치에 참여할 수 있는 권리
③ 사회권: 인간답게 살 수 있도록 국가에 요구할 수 있는 권리
④ 청구권: 법과 기회 앞에서 동등한 대우를 받을 수 있도록 하는 권리
⑤ 자유권: 국가로부터 간섭을 받지 않고 자유롭게 생활할 수 있는 권리

**5** 다음 설명과 관련된 기본권은 어느 것인가요?　　　　　　　　　　　　（　　　　　）

공무원이 되기를 희망하는 사람에게 공평한 기회를 부여하기 위하여 공무원 시험을 볼 수 있는 나이와 학력에 제한을 두지 않는다.

① 사회권　　　　　　　② 자유권　　　　　　　③ 참정권
④ 청구권　　　　　　　⑤ 평등권


**6** ㉠의 예로 알맞지 <u>않은</u> 것은 어느 것인가요?　　　　　　　　　　　（　　　　　）

① 일할 기회를 요구할 권리
② 살고 싶은 곳에서 살 권리
③ 교육을 받을 수 있는 권리
④ 위생적인 환경에서 살 권리
⑤ 생계를 유지할 수 있도록 보호받을 권리


**7** 이 글의 내용을 <u>잘못</u> 이해한 사람은 누구인가요?　　　　　　　　　　（　　　　　）

① 지민: 선거에 직접 출마할 수 있는 까닭은 참정권을 갖고 있기 때문이야.
② 솔이: 사회권은 국가의 권력이 행사되지 않음으로써 보장되는 소극적 권리야.
③ 수아: 장애로 인한 차별을 금지하는 「장애인 차별 금지법」은 평등권과 관련된 제도야.
④ 준수: 국가 정책으로 손해를 입었을 때 국가에 배상을 요구하는 것은 청구권과 관련돼.
⑤ 하루: 자신의 의사에 따라서 종교를 선택할 수 있는 것은 자유권이 보장되기 때문이야.

**우리 생활 속 기본권**

헌법에서 보장하는 기본권은 우리 생활과 깊이 관련되어 있습니다. 따라서 여러 사람들의 기본권이 충돌하거나, 국가에 의해 누군가의 기본권이 침해당하는 경우가 일어납니다. 국가에서 시행한 법이 기본권을 침해한다고 결론이 나는 경우, 해당 법이 폐지되기도 합니다.

**1** 다음 밑줄 친 낱말의 뜻으로 알맞은 것을 선으로 이어 보세요.

(1) 그가 개입하면서 일이 복잡하게 얽혔다. •

(2) 그녀는 삶을 건강하게 영위하기 위해 노력하고 있다. •

(3) 이 책에는 우리나라 역사에 대한 포괄적 설명이 담겨 있다. •

• ㉠ 일을 꾸려 나감.

• ㉡ 자신과 직접적인 관계가 없는 일에 끼어듦.

• ㉢ 일정한 대상이나 현상 등을 어떤 범위나 한계 안에 모두 끌어넣는 것.

**2** 다음 문장에 들어갈 알맞은 낱말을 골라 ○표 하세요.

(1) { 이 가게는 새로 나온 과자를 ( 일절 / 일체 ) 갖추고 있다.
이 건물은 외부 사람의 출입을 ( 일절 / 일체 ) 금지하고 있다.

(2) { 환경을 보호하기 위해 일회용품 사용을 ( 지양하다 / 지향하다 ).
날마다 운동하며 건강에 힘쓰는 생활을 ( 지양하다 / 지향하다 ).

(3) { 민아는 어려운 일도 주위의 도움 없이 ( 능동적 / 수동적 )으로 해결한다.
선우는 다른 사람이 이끄는 대로 따라만 가는 ( 능동적 / 수동적 )인 성격이다.

**3** 보기 를 참고하여, 다음 두 낱말이 합쳐져 만들어지는 낱말을 쓰세요.

보기    나라 + 일 ➡ 나랏일

(1) 깨 + 잎 →

(2) 나무 + 잎 →

# 사형 제도에 대해 어떻게 생각하나요

**매체 독해** 다음 학급 게시판을 보고, 물음에 답해 봅시다.

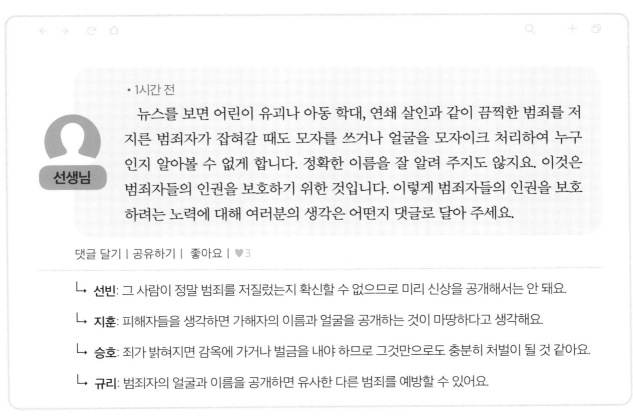

• 1시간 전

선생님

뉴스를 보면 어린이 유괴나 아동 학대, 연쇄 살인과 같이 끔찍한 범죄를 저지른 범죄자가 잡혀갈 때도 모자를 쓰거나 얼굴을 모자이크 처리하여 누구인지 알아볼 수 없게 합니다. 정확한 이름을 잘 알려 주지도 않지요. 이것은 범죄자들의 인권을 보호하기 위한 것입니다. 이렇게 범죄자들의 인권을 보호하려는 노력에 대해 여러분의 생각은 어떤지 댓글로 달아 주세요.

댓글 달기 | 공유하기 | 좋아요 | ♥3

↳ **선빈**: 그 사람이 정말 범죄를 저질렀는지 확신할 수 없으므로 미리 신상을 공개해서는 안 돼요.

↳ **지훈**: 피해자들을 생각하면 가해자의 이름과 얼굴을 공개하는 것이 마땅하다고 생각해요.

↳ **승호**: 죄가 밝혀지면 감옥에 가거나 벌금을 내야 하므로 그것만으로도 충분히 처벌이 될 것 같아요.

↳ **규리**: 범죄자의 얼굴과 이름을 공개하면 유사한 다른 범죄를 예방할 수 있어요.

**1** 범죄자 신상 공개에 찬성하는 사람과 반대하는 사람을 바르게 구분해서 이름을 쓰세요.

찬성

반대

**2** 댓글을 단 학생들의 생각으로 알맞은 것에는 ○표, 알맞지 <u>않은</u> 것에는 ×표 하세요.

(1) 선빈이는 억울한 누명을 쓴 사람이 있을 수도 있음을 우려하고 있다. (        )

(2) 지훈이는 범죄자보다 피해자의 인권이 중요하다고 생각한다. (        )

(3) 승호는 범죄자가 재판 후에 받는 형벌이 부족하다고 생각한다. (        )

(4) 규리는 범죄자의 신상 공개는 범죄자의 인권 침해라고 생각한다. (        )

(가) 죄를 저지르면 그에 맞는 처벌을 받게 되고, 특히 여러 사람이나 어린이의 목숨을 빼앗는 등 큰 죄를 저지른 경우에는 사형이라는 무거운 벌을 받게 됩니다. 사형은 사람의 생명을 빼앗는 것이기 때문에 무겁고도 무서운 벌입니다.

(나) 우리나라는 법률상 사형 제도를 유지하고 있어서 사형 판결을 내리기는 하지만, 1997년 이후로는 ❶집행하고 있지 않습니다. 사형 제도를 폐지한 것은 아니지만 집행하는 데에는 매우 신중하다는 것을 알 수 있습니다. 그런데 최근 어린이 살인, 연쇄 살인 등 국민들의 ❷공분을 사는 흉악 범죄가 증가하고 있어 사형 집행을 재개하자는 목소리가 커지고 있습니다. 그러나 한편으로 모든 사람의 생명을 중시하는 인식이 많아지면서 사형 제도 폐지를 주장하는 사람들도 있습니다. 이에 따라 사형 제도를 '유지해야 한다'와 '폐지해야 한다'는 찬반 ❸논쟁이 끊이지 않고 있습니다.

(다) 사형 제도를 찬성하는 입장에서는 사형 제도가 있어야 범죄를 줄일 수 있다고 말합니다. 범죄를 저지른 사람에게 강력한 처벌을 내리면 다른 사람도 미리 겁을 먹고 나쁜 짓을 못하게 된다는 것입니다. 그러다 보면 범죄가 줄어들고 우리 사회가 안전해질 것이라고 합니다. 또한 범죄자의 인권 보호를 이유로 사형 제도에 반대하는 사람들에게, 다른 이의 목숨을 빼앗은 범죄자에게 어떻게 인권이 있냐며 반론을 제기하기도 합니다. 또 피해자 가족들의 입장이 되어 본다면 한 사람의 목숨, 어쩌면 더 ㉠ 많은 생명을 앗아간 범죄자에게 사형을 집행해야 마땅하다고 하는 것입니다.

(라) 사형 제도를 반대하는 입장에서는 범죄자에게도 인권이 있다고 말합니다. 또 사람의 소중한 생명권을 국가에서 ❹박탈할 권리는 없다고 주장합니다. 혹시 사형 집행 후에 진짜 범인이 나타나기라도 한다면 그때에는 어떻게 할지 반문하기도 합니다. 아무리 공정한 재판이라고 해도 ❺오판의 가능성이 있고 그 경우 억울함을 누가 풀어 줄 수 있냐는 것입니다. 또한, 벌을 주는 까닭은 ㉡ 범죄를 저지른 사람을 ❻교화하여 다시는 범죄를 저지르지 않도록 하기 위한 것인데, 사형 제도는 그 기회조차 주지 않으므로 인권을 침해하는 것이라고 주장합니다. 게다가 사형을 집행한다고 해서 흉악 범죄가 줄어드는지도 사실상 검증되지 않았다고 말합니다.

(마) 이처럼 사형 제도는 오랫동안 찬반 논쟁이 치열한 쟁점 중 하나입니다. 흉악 범죄 증가로 다시 사형을 집행해야 한다는 여론이 증가하고 있지만, 사람의 생명이 소중한 만큼 쉽게 결정할 수 없는 부분임은 확실합니다. 여러분의 생각은 어떤가요?

--------------------------------------------------------------------------------

❶ **집행**: 법률·명령·재판·처분 등의 내용을 실행하는 일.
❷ **공분**: 사회 대부분의 사람들이 다 같이 느끼는 분노.
❸ **논쟁**: 서로 다른 의견을 가진 사람들이 각각 자기의 주장을 말이나 글로 논하여 다툼.
❹ **박탈**: 남의 재물이나 권리, 자격 등을 빼앗음.
❺ **오판**: 잘못 보거나 잘못 판단함.
❻ **교화**: 가르치고 이끌어서 좋은 방향으로 나아가게 함.

**1** 이 글의 글쓴이가 내용을 펼쳐 나간 방법으로 알맞은 것은 어느 것인가요?　( 　 )

① 다른 나라의 사형 제도 현황을 설명하였다.

② 한쪽의 의견에만 초점을 맞추어 전개하였다.

③ 찬반 양쪽의 주장과 근거를 모두 제시하였다.

④ 누구나 받아들일 만한 이상적인 해결책을 제시하였다.

⑤ 두 주장을 설명한 뒤 한쪽 입장을 선택하여 주장하였다.

**2** 이 글을 바탕으로 토론을 진행할 때 쟁점으로 제시할 수 있는 것은 어느 것인가요?

( 　 )

① 사형 제도를 유지해야 하나요?

② 사형 제도는 언제 생겨났나요?

③ 사형 제도는 누가 집행하나요?

④ 사형 제도와 인권은 어떤 관계가 있나요?

⑤ 사형을 선고받아야 하는 범죄는 어느 것인가요?

**3** 사형 제도에 대한 설명으로 알맞지 <u>않은</u> 것은 어느 것인가요?　( 　 )

① 사형 제도는 무겁고 무서운 형벌이다.

② 우리나라는 법적으로 사형 제도를 폐지하였다.

③ 사형 제도는 인간의 생명권을 박탈하는 것이다.

④ 사형 제도에 대한 찬반 논쟁이 끊이지 않고 있다.

⑤ 흉악 범죄를 저지른 사람에게 사형 판결을 내린다.

**4** (다)의 입장을 선택한 사람들이 할 수 있는 말로 알맞지 <u>않은</u> 것은 어느 것인가요?

( 　 )

① 죄를 지은 범죄자라도 생명권을 박탈할 수는 없어.

② 사형 제도가 있어야 나쁜 짓 하는 사람들이 줄어들어.

③ 피해자 가족의 입장을 헤아린다면 사형 제도는 필요해.

④ 사형 제도를 없애면 사회가 혼란스럽고 무질서해질 거야.

⑤ 다른 사람의 목숨을 빼앗은 사람의 인권은 보호할 필요가 없어.

**5** 다음은 (라)를 뒷받침하는 글입니다. 밑줄 친 빈칸에 들어갈 알맞은 내용을 골라 ○표 하세요.

> 사형이라는 벌은 범죄자의 가족에게도 지울 수 없는 큰 고통과 깊은 상처를 남깁니다. 사형을 집행하는 사람에게도 마찬가지입니다. 사형 집행인은 국가를 대신해서 자신이 맡은 역할을 충실하게 이행하는 것이지만 결국 _____를 직업으로 강요당하는 셈입니다. 사람으로서 양심상 할 수 없는 일을 해야만 하는 사형 집행인들의 고통도 헤아려야 합니다.

한 사람의 목숨을 빼앗는 행위 ☐

흉악한 범죄자를 사회로 복귀시키는 행위 ☐

잘못을 뉘우치고 반성할 시간을 주는 행위 ☐

**6** ㉠을 뒷받침해 줄 수 있는 말로 가장 알맞은 것은 어느 것인가요? (　　　)

① 너 자신을 알라.
② 눈에는 눈, 이에는 이.
③ 되로 주고 말로 받는다.
④ 윗물이 맑아야 아랫물이 맑다.
⑤ 죄는 미워해도 사람은 미워하지 말라.

**7** ㉡의 상황을 보기 의 뜻을 지닌 한자 성어로 나타낼 때, 알맞은 말은 어느 것인가요? (　　　)

> 보기　　　지난날의 잘못이나 허물을 고쳐 올바르고 착하게 됨.

① 개과천선　　　② 과유불급　　　③ 동병상련
④ 타산지석　　　⑤ 호가호위

**생활 속 법령 찾아보기**
법은 사회 질서를 위해 모든 사람이 꼭 지켜야 하는 것이지만, 법 규정에 대한 사람들의 해석은 달라지기도 하고 실생활에서 적용할 때에도 찬반 의견이 갈릴 수 있습니다. 실생활에 필요한 법령을 찾아보고 스스로 판단해 봅시다.

**1** 다음 빈칸에 들어갈 말의 뜻을 보고, 알맞은 낱말을 보기 에서 찾아 쓰세요.

> **보기**　　논쟁　　　박탈　　　오판　　　집행

(1) 민재는 친구와 자주 _____ 을 벌인다.
　　　　　└ 서로 다른 의견을 가진 사람들이 각각 자기의 주장을 말이나 글로 논하여 다툼.

(2) 정책의 _____ 이 느리게 이루어지고 있다.
　　　　　└ 법률, 명령, 재판, 처분 등의 내용을 실행하는 일.

(3) 한 사람의 _____ 으로 수많은 사상자가 발생하였다.
　　　　　└ 잘못 보거나 잘못 판단함.

(4) 그는 고의적인 반칙을 자주 하여 국가 대표 자격을 _____ 당하였다.
　　　　　　　　　　　└ 남의 재물이나 권리, 자격 등을 빼앗음.

**2** 다음 문장에서 밑줄 친 낱말의 기본형을 쓰고, 이와 반대의 뜻을 가진 낱말을 보기 에서 찾아 쓰세요.

> **보기**　　경솔하다　　　중시하다　　　증가하다

(1) 학급당 학생 수가 감소하고 있다.　　　[　　　　　] ↔ [　　　　　]

(2) 미나는 신중하게 일을 처리하는 편이다.　　[　　　　　] ↔ [　　　　　]

(3) 다른 사람들을 경시하는 태도는 버려야 한다.　[　　　　　] ↔ [　　　　　]

**3** 다음 문장에서 '내리다'가 어떤 뜻으로 사용되었는지 번호를 쓰세요.

> **내리다**
> ① 값이나 수치, 온도, 성적 등이 이전보다 떨어지거나 낮아지다.
> ② 윗사람으로부터 아랫사람에게 상이나 벌 등이 주어지다.

(1) 왕은 전쟁에서 승리한 장군에게 상을 내렸다.　　　　　　　（　　　）
(2) 전문가들은 내년에는 물가가 내릴 것이라고 전망하였다.　（　　　）
(3) 안전 규칙을 지키지 않은 운전자들에게 처벌이 내려졌다.　（　　　）

정답 확인
하루한장 앱에서 학습 인증하고 하루템을 모으세요!

매체 독해 다음 인터넷 상담 사례를 보고, 물음에 답해 봅시다.

홈　　　상담 | 진정 | 조정 | 인권 정보 | 일반 민원 | 통합 검색

**인권 상담 사례**
인권 침해 및 차별 행위로 피해를 입은 사람들의 목소리를 듣고, 그들의 아픔을 함께 공감하며 소통합니다.

**회사로부터 외모를 이유로 채용을 거부당했어요.**　　분류: 차별 분야 | 작성: 20○○. ○. ○. | 조회수: 1234

상담 내용

　저는 ☆☆회사의 배송 업무에 지원하여 면접을 봤습니다. 저의 얼굴 한쪽에는 태어날 때부터 붉은 반점이 있는데, 면접할 때 치료 중이라고 했습니다. 이후 면접에 합격하여 교육을 받던 중 얼굴에 있는 반점 때문에 거래처 사람들의 거부 반응이 있을 수 있다면서 회사 측에서는 채용이 어렵다고 했습니다. 이것은 외모를 이유로 하는 차별이라고 생각합니다. 더욱이 채용 조건이 차를 구매해 업무를 하는 것이라서 2천만 원을 냈는데, 절반만 돌려주고 나머지는 나중에 주겠다고 합니다. 저는 어떻게 해야 할까요? 도와주세요.

답변

　회사에서 합리적인 근거 없이 외모를 이유로 채용을 거부했다면 국가인권위원회에 진정하여 판단을 받아 볼 수 있습니다. 금전 관련 사항도 회사에 지불한 돈을 계속 받지 못하면 소송을 제기하셔야 합니다. 참고로 위원회 조정 제도를 활용하실 수 있사오니 참고하시기 바랍니다.

(출처: 국가인권위원회 인권 상담 사례)

**1** 상담 의뢰자의 피해 내용으로 알맞은 것은 어느 것인가요? (정답 2개)　　　(　　　　)

① 업무 능력이 부족하여 해고되었다.
② 회사에서 정당한 임금을 지불하지 않았다.
③ 채용 조건을 갖추지 못해 면접이 거부되었다.
④ 면접에 합격한 후 외모를 이유로 채용이 취소되었다.
⑤ 채용 조건에 따라 차량 구입비를 지불했으나 돌려받지 못했다.

**2** 이 사례에서 짐작할 수 있는 국가인권위원회의 기능에 ○표 하세요.

| 인권 침해 상황에 대해 조사하고 돕는다. | 다른 사람의 권리를 침해한 사람을 구속한다. | 기업의 입장에서 사람들의 인권을 제한한다. |
| --- | --- | --- |

국가인권위원회는 국민의 인권 보장을 위해 설립된 독립적 기구로 2001년 11월 25일에 ❶출범하였습니다. 이는 국제 사회의 국가 인권 기구 설립에 대한 관심, 민주화와 인권 ❷개선을 위한 국민의 오랜 바람, 인권 관련 시민 단체의 노력, 정부의 의지가 어우러져 이룬 성과라고 할 수 있습니다.

국가인권위원회의 설립 목적은 국가인권위원회법에 잘 나타나 있습니다. 국가인권위원회법 제1조에 따르면 '이 법은 국가인권위원회를 설립하여 모든 개인이 가지는 ❸불가침의 기본적 인권을 보호하고 그 수준을 향상시킴으로써 인간으로서의 존엄과 가치를 실현하고 민주적 기본 질서 확립에 이바지함을 목적으로 한다.'라고 되어 있습니다. 즉, 국민의 인권을 보장하고 인간으로서의 존엄과 가치를 실현하기 위해 설립되었습니다.

국가인권위원회는 입법, 사법, 행정 기관 등 어떤 국가 기관의 간섭이나 지휘를 받지 않고, 어느 기관에도 속하지 않는 기구로 설립되었습니다. 이를 위하여 국회에서 선출된 4인, 대통령이 ❹지명한 4인, 대법원장이 지명한 3인으로 인권 위원을 구성하여 독립성과 다양성을 ❺확보하고 있습니다. 국가인권위원회가 이처럼 [   ㉠   ] 성격의 기구로 설립된 까닭은 개인뿐만 아니라 국가도 국민의 인권을 침해할 수 있기 때문입니다. 그리고 국민의 인권이 국가보다 더욱 소중한 가치를 가지고 있기 때문이기도 합니다.

국가인권위원회가 하는 일은 크게 네 가지로 구분할 수 있습니다. 첫째, 국가 권력에 의한 인권 침해나 사회적 차별에 의한 인권 침해 ❻사안이 발생하면 이를 조사하고 인권 침해를 당한 사람을 구제합니다. 둘째, 인권의 보호와 향상을 위해 필요하다고 인정되는 경우 관계 기관에 정책 ❼시정을 요구하는 등 개선 업무를 수행합니다. 셋째, 학교와 같은 교육 기관의 교육 과정에 인권에 관한 내용이 포함되도록 노력하고, 국민의 인권 의식이 향상되도록 홍보 활동도 벌입니다. 넷째, 국내외에 설치된 인권 기구와 협력하여 국민의 인권이 향상되도록 노력합니다.

국가인권위원회는 국가인권위원회법을 근거로 설립되어 업무를 수행하지만 근본이 되는 것은 국제인권법이며, 대한민국 헌법과 국제인권조약에 규정된 모든 사람의 인권과 자유를 보호하고 향상시키는 업무를 수행하는 이중적이고도 특수한 성격을 지니고 있습니다. 또 모든 개인의 기본적 인권을 보호하기 위한 유일한 인권 전담 국가 기관입니다.

-------------------------------------------------------

❶ **출범하다**: (비유적으로) 단체가 새로 조직되어 일을 시작하다.
❷ **개선**: 잘못된 것이나 부족한 것, 나쁜 것 등을 고쳐 더 좋게 만듦.
❸ **불가침**: 침범해서는 안 됨.
❹ **지명하다**: 여러 사람 가운데 누구의 이름을 지정하여 가리키다.
❺ **확보**: 확실히 보증하거나 가지고 있음.
❻ **사안**: 법률이나 규정 등에서 문제가 되는 일이나 안.
❼ **시정**: 잘못된 것을 바로잡음.

**1** 이 글에서 설명하는 대상이 무엇인지 쓰세요.

(                              )

**2** 국가인권위원회의 설립 목적으로 알맞지 <u>않은</u> 것은 어느 것인가요?　　　(    　　)

① 개인의 인권 수준을 향상시킨다.
② 모든 개인의 기본적인 인권을 보호한다.
③ 민주적 기본 질서를 확립하는 데 기여한다.
④ 국민 개개인이 가지고 있는 불가침의 영역을 좁힌다.
⑤ 인간으로서의 존엄과 가치를 실현하는 데 이바지한다.

**3** 이 글의 내용과 맞지 <u>않는</u> 것은 어느 것인가요?　　　　　　　　(    　　)

① 국가 권력에 의해 국민 개인의 인권이 침해받기도 한다.
② 국가인권위원회는 대통령이 지명한 10명의 위원들로 구성된다.
③ 국가인권위원회는 어떤 국가 기관의 간섭이나 지휘도 받지 않는다.
④ 학교와 같은 교육 기관에서 인권 의식 향상을 위한 교육이 이루어진다.
⑤ 국민의 바람과 시민 단체의 노력, 정부의 의지로 국가인권위원회가 출범하였다.

**4** 국가인권위원회가 하는 일로 알맞지 <u>않은</u> 것은 어느 것인가요?　　　(    　　)

① 인권 정책 개선 업무
② 인권 침해 사안 조사
③ 인권 침해 기관 처벌
④ 인권 의식 향상 홍보 활동
⑤ 교육 기관의 인권 교육 강화

**5** 다음 뜻을 참고할 때, ㉠에 들어갈 말로 알맞은 것은 어느 것인가요? (          )

- 권위적: 남을 지휘하거나 따르게 하는 힘을 내세우는 것.
- 독립적: 남에게 의존하거나 남의 지배에 매여 있지 아니한 것.
- 부분적: 전체 가운데 한 부분이 되거나 부분에 관계되는 것.
- 선천적: 태어날 때부터 지니고 있는 것.
- 장기적: 오랜 기간에 걸치는 것.

① 권위적          ② 독립적          ③ 부분적
④ 선천적          ⑤ 장기적

**6** 국가인권위원회에 진정서를 제출할 수 있는 사안으로 알맞지 <u>않은</u> 것은 어느 것인가요? (          )

① 임신을 했다고 회사에서 직장을 그만두라고 한 경우
② 질병으로 인한 휴직 중에 회사에서 해고를 당한 경우
③ ○○ 마트에서 시각장애인 안내견 출입을 거부한 경우
④ 성별에 따라 회사에서 입을 수 있는 옷을 정해 놓은 경우
⑤ 놀이동산 놀이 기구에 안전을 위한 키 제한이 있어서 탑승할 수가 없는 경우

**7** 다음 상담 내용에 대한 국가인권위원회의 답변으로 알맞은 내용을 골라 ○표 하세요.

저는 이번에 ○○ 회사에 지원했다가 빛깔을 잘 구분하지 못하는 색약이라는 이유로 채용에서 탈락했습니다. 해당 회사의 업무를 수행하는 데 색약은 문제가 되지 않는데도, 채용상 불이익을 주어도 되는 것인가요?

| 해당 기업의 규정에 의한 판단이므로 수용하는 것을 권합니다. ☐ | 이와 같은 경우는 국가인권위원회에서 도와드릴 수 있는 사안이 아닙니다. ☐ | 신체 조건으로 인한 차별로 이해됩니다. 위원회에서 사실 관계를 조사하겠습니다. ☐ |

**인권 침해 사례 구제받기**
개인이나 단체, 국가로부터 차별 행위 또는 인권 침해를 받았다면 전국 어디서나 국번 없이 1331 번으로 전화를 하거나, 인권상담조정센터에 우편이나 이메일을 보내 도움을 청할 수 있습니다. 또 국가인권위원회에서 운영하는 인권e 홈페이지에 접수할 수 있습니다.

**1** 다음 밑줄 친 낱말의 뜻을 보기 에서 찾아 기호를 쓰세요.

> 보기  ㉠ 잘못된 것을 바로잡음.
> ㉡ 확실히 보증하거나 가지고 있음.
> ㉢ 법률이나 규정 등에서 문제가 되는 일이나 안.

(1) 오늘 학급 회의는 논의할 사안이 많다. ( )

(2) 그들은 부당한 조치의 시정을 요구하였다. ( )

(3) 증거 확보를 위해 주변을 샅샅이 살펴보았다. ( )

**2** 다음 빈칸에 들어갈 알맞은 낱말의 기본형을 보기 에서 찾아 쓰세요.

> 보기     구제하다        설립하다        지명하다

(1) 서울과 부산에 병원을 _____ 예정이다.  → ( )

(2) 선생님은 동아리 대표를 _____ 활동 내용을 설명하게 하였다.

→ ( )

(3) 사또는 생활이 어려운 백성들을 _____ 위한 방안을 세우기 시작했다.

→ ( )

**3** 다음 문장에 들어갈 알맞은 낱말을 골라 ○표 하세요.

(1) 프로 축구는 ( 출범 / 출석 ) 10년 만에 새로운 도약의 발판을 마련하였다.
선생님은 ( 출범 / 출석 )을 부르고 나서 아이들의 얼굴을 하나하나 쳐다보았다.

(2) 정성을 다하여 노력한다면 그 일을 이루는 데 ( 불가능 / 불가침 )은 없을 것이다.
국경 문제로 싸우던 두 나라가 전쟁을 끝내고 ( 불가능 / 불가침 ) 조약을 맺었다.

낱말판의 가로, 세로, 대각선에 숨어 있는 낱말을 찾으며,
주제4에서 공부한 용어의 뜻을 다시 한번 떠올려 봐요.

| 국 | 제 | 연 | 합 | 어 | 린 | 이 | 노 | 헌 |
|---|---|---|---|---|---|---|---|---|
| 가 | 정 | 홍 | 길 | 동 | 전 | 유 | 벨 | 법 |
| 사 | 치 | 충 | 신 | 분 | 교 | 인 | 평 | 균 |
| 회 | 형 | 돌 | 인 | 격 | 육 | 권 | 화 | 자 |
| 제 | 자 | 본 | 주 | 의 | 존 | 평 | 상 | 유 |
| 도 | 참 | 정 | 권 | 지 | 엄 | 유 | 등 | 치 |
| 적 | 기 | 본 | 권 | 체 | 허 | 소 | 화 | 권 |
| 차 | 별 | 소 | 침 | 해 | 균 | 청 | 구 | 원 |

### 힌트

❶ 인간으로서 당연히 가지는 기본적 권리. 예 천부 ☐☐

❷ 법률의 범위 안에서 남에게 구속되지 않고 자기 마음대로 하는 행위. 예 누구나 원하는 곳에서 살 ☐☐가 있다.

❸ 둘 이상의 대상을 각각 등급이나 수준 등의 차이를 두어서 구별함. 예 인종 ☐☐, 신분 ☐☐

❹ 인간이 태어날 때부터 가지고 있는 기본적인 권리. 헌법에서 보장하고 있는 인권.

❺ 각 국민이 법 앞에 평등하여 정치적·경제적·사회적 생활의 모든 면에서 차별을 받지 않는 기본권.

❻ 국민이 국정에 직접 또는 간접으로 참여하는 권리. 예 ☐☐☐에는 선거권 등이 해당된다.

❼ 침범하여 해를 끼침. 예 고층 건물이 해를 가려서 나의 일조권을 ☐☐했다.

❽ 법 중에서 가장 기본이 되는 법으로 우리나라 최고의 법.

❾ 개인의 사회적인 위치나 계급. 예 홍길동은 노비 ☐☐인 어머니에게서 태어났다.

❿ '어린아이'를 대접하거나 격식을 갖추어 이르는 말. 대개 4, 5세부터 초등학생까지의 아이를 이른다.

주제

# 5

# 일상생활과 법

이번 주에 공부할 내용에 대한
주간 학습 계획을 세워 보세요.

| | 공부할 내용 | 교과 연계 | 공부한 날 | | 스스로 평가 |
|---|---|---|---|---|---|
| 1장 | 법은 왜 지켜야 하나요 | 사회 5-1 [2단원], 중등 사회① [11단원] | 월 | 일 | ☺ ☺ ☺ |
| 2장 | 법에도 위아래가 있나요 | 사회 5-1 [2단원], 중등 사회① [11단원] | 월 | 일 | ☺ ☺ ☺ |
| 3장 | 법을 어기면 어떤 벌을 받나요 | 사회 5-1 [2단원], 중등 사회① [11단원] | 월 | 일 | ☺ ☺ ☺ |
| 4장 | 다양한 법이 있어요 | 사회 5-1 [2단원], 중등 사회① [11단원] | 월 | 일 | ☺ ☺ ☺ |
| 5장 | 재판정에는 어떤 사람들이 있나요 | 사회 5-1 [2단원], 중등 사회① [11단원] | 월 | 일 | ☺ ☺ ☺ |
| 6장 | 헌법을 읽어요 | 사회 5-1 [2단원], 중등 사회② [1단원] | 월 | 일 | ☺ ☺ ☺ |
| 7장 | 학교 안팎에서 찾아볼 수 있는 법 | 사회 5-1 [2단원], 중등 사회② [1단원] | 월 | 일 | ☺ ☺ ☺ |

**매체 독해** 다음 인터넷 검색 결과를 보고, 물음에 답해 봅시다.

---

법을 대표하는 상징물

**연관 검색어** 디케    아스트라이어    유스티티아    저울    법전

**〉백과사전**

**정의의 여신상**

법을 대표하는 상징물로 정의의 여신상이 있다. 정의의 여신상은 어느 한쪽으로 기울지 않고 공정한 판결을 내려야 한다는 의미에서 한 손에 저울, 다른 한 손에는 칼이나 법전을 들고 있다. 우리나라의 대법원에 가면 서구적인 여신을 한국적으로 형상화하여 만든, 한국 고유의 전통 의복인 한복을 입은 정의의 여신상을 볼 수 있다. 한 손에는 저울을 높이 들고 또 다른 손에는 칼 대신 법전을 들고 앉아 있는 것이 특징이다.

(출처: 연합뉴스)

▲ 대법원에 있는 정의의 여신상

**정의의 여신**

그리스 신화에 나오는 법과 정의의 여신인 디케 혹은 아스트라이어는 로마 시대에 이르러 유스티티아(Justitia)로 불리게 되었다. 오늘날 정의를 의미하는 영어 단어 'justice'는 유스티티아의 이름에서 유래되었다고 한다.

---

**1** 우리나라의 정의의 여신상에 대한 설명으로 알맞은 것은 어느 것인가요?　　　(　　　　　)

① 양손에 각각 저울과 칼을 들고 있다.

② 한국의 전통 의복인 한복을 입고 있다.

③ 한국의 여신을 서구적으로 형상화하였다.

④ 한 손에 저울을 높이 들고 서 있는 모습이다.

⑤ 손에 들고 있는 저울은 왼쪽으로 기울어져 있다.

**2** 다음 빈칸에 들어갈 알맞은 말을 쓰세요.

오늘날 정의를 뜻하는 영어 단어 'justice'는 그리스 신화 속 '법과 정의의 여신'의 로마 시대 이름인 (　　　　　　)에서 유래되었다.

오늘날 대부분의 나라에는 법이 있습니다. 여러분은 법이라는 말을 들으면 어떤 장면이 떠오르나요? 경찰이 법에 따라 범죄자를 체포하고 재판정에서 판사가 판결을 내리는 모습 같은 특별한 상황이 떠오를 수 있을 것입니다. 그런데 사실 법은 우리 생활과도 밀접한 관련을 맺고 있습니다. 일상적 행동의 기준이 되기도 하며, 문제가 발생했을 때에 이를 해결하는 ❶기준이 되기도 합니다. 횡단보도를 건너가거나 물건을 사는 사소한 행동도 법의 영향을 받습니다. 그렇다면 사회에서 법은 왜 필요하고, 우리는 왜 법을 지키면서 살아야 할까요?

법이 우리 사회에서 수행하는 역할 중 하나는, 개인의 ❷권리를 보호하는 것입니다. 힘없는 사람이 강자에게 일방적으로 피해를 입지 않도록 권리를 보호하며, 권리를 침해당했을 때 ❸구제받을 방법을 알려 줍니다. 또한 지켜야 할 행동이나 판단의 기준을 제시함으로써 개인 간에 발생할 수 있는 분쟁을 예방하기도 하고, 만약 분쟁이 발생한 경우에는 법이 공정한 기준이 되어 이를 해결해 줍니다. 그 밖에도 소방관의 구조 활동을 법으로 ❹규정하여 개인의 생명이나 재산을 보호하거나, 개인 정보를 함부로 수집하지 못하도록 하여 개인의 정보를 보호하기도 합니다.

법은 사회 질서를 유지하는 역할도 수행합니다. 여러 가지 단속과 ❺규제를 통해 교통사고 등과 같은 사건, 사고를 예방하고, 범죄로부터 사람들을 보호하여 안전하게 살아갈 수 있게 해 줍니다. 또한 사람들이 쓰레기를 함부로 버리지 못하게 하는 등 깨끗한 환경을 유지하기 위한 법을 마련하여 환경 파괴와 오염을 예방하기도 합니다.

법이 있기 때문에 우리는 생명이나 자신이 소유한 재산 등에 피해를 받지 않고 인간다운 삶을 살 수 있습니다. 또한 안전하고 쾌적한 환경에서 살아갈 수 있습니다. 이처럼 법은 국민의 안정된 삶과 사회의 질서 유지를 위해 꼭 필요한 것입니다.

하지만 아무리 필요한 법이라 해도 법을 만들기만 하고 지키지 않는다면 그 효과를 얻을 수 없습니다. ㉠ 법을 지키지 않으면 다른 사람의 권리를 침해하여 큰 피해를 주게 되고, 사람들 간의 갈등을 ❻유발할 수 있습니다. 그래서 법을 지키지 않는 경우 재판을 통해 피해를 준 사람의 권리를 제한하기도 합니다. 즉, 법을 잘 지켜야 다른 사람의 권리를 보장하고 나의 권리도 보장받을 수 있는 것입니다. 또한 법을 지켜야 정의롭고 질서 있는 사회를 유지할 수 있습니다. 따라서 우리는 준법정신을 가지고 법을 잘 지키도록 노력해야 합니다.

-----

❶ **기준**: 기본이 되는 표준.
❷ **권리**: 어떤 일을 행하거나 타인에 대하여 당연히 요구할 수 있는 힘이나 자격.
❸ **구제**: 자연적인 재해나 사회적인 피해를 당하여 어려운 처지에 있는 사람을 도와줌.
❹ **규정하다**: 양이나 범위 등을 제한하여 정하다.
❺ **규제**: 규칙이나 규정에 의하여 일정한 한도를 정하거나 정한 한도를 넘지 못하게 막음.
❻ **유발하다**: 어떤 것이 다른 일을 일어나게 하다.

**1** 다음 문장에 들어갈 알맞은 말을 골라 ○표 하세요.

> 다른 사람과 나의 권리를 ( 보장 / 침해 )받고, 사회의 ( 질서 / 혼란 )을/를 유지하기 위해 우리는 법을 잘 지켜야 한다.

**2** 이 글의 설명 방법으로 알맞은 것은 어느 것인가요? ( )

① 낱말의 뜻풀이를 중심으로 대상을 설명하였다.
② 두 가지 대상의 공통점과 차이점을 각각 설명하였다.
③ 질문을 던지고 스스로 그에 답하는 방식으로 설명하였다.
④ 공간의 이동에 따라 달라지는 대상의 특징을 설명하였다.
⑤ 시간의 흐름에 따라 대상이 변해 온 모습을 단계적으로 설명하였다.

**3** 이 글에서 알 수 <u>없는</u> 내용은 어느 것인가요? ( )

① 법이 필요한 까닭
② 법을 만드는 방법
③ 법을 지켜야 하는 까닭
④ 우리 사회에서 법이 수행하는 역할
⑤ 법을 지키지 않았을 때 일어나는 일

**4** 법에 대한 설명으로 알맞은 것을 보기 에서 모두 고른 것은 어느 것인가요? ( )

> 보기
> ㉠ 법은 약자로부터 강자를 보호한다.
> ㉡ 법은 국민이 안전한 삶을 살 수 있도록 보호한다.
> ㉢ 법은 사람들의 일상적인 행동에는 영향을 주지 않는다.
> ㉣ 법은 권리를 침해당했을 때 구제받을 방법을 알려 준다.

① ㉠, ㉡　　　　② ㉠, ㉣　　　　③ ㉡, ㉢
④ ㉡, ㉣　　　　⑤ ㉢, ㉣

**5** 다음에서 밑줄 친 '이것'이 설명하는 것을 이 글에서 찾아 쓰세요.

> 법률이나 규칙을 잘 지키는 정신을 뜻하는 말로, 우리는 <u>이것</u>을 가지고 법을 잘 지키며 살아야 한다.

(            )

**6** ㉠의 결과로 알맞지 <u>않은</u> 것은 어느 것인가요? (     )

① 사회의 질서를 유지할 수 있다.
② 다른 사람에게 피해를 줄 수 있다.
③ 사람들 간의 갈등을 유발할 수 있다.
④ 재판을 받아 권리가 제한될 수 있다.
⑤ 다른 사람의 권리를 침해할 수 있다.

**7** 다음 상황에서 알 수 있는 법의 역할은 어느 것인가요? (     )

> 현경 씨는 요즘 위층 주민과 다툼이 잦다. 위층에서 늦은 시간까지 쿵쿵거리는 소리가 들려오기 때문이다. 결국 갈등이 싸움으로 번졌고, 현경 씨는 '환경분쟁조정위원회'에 해결을 요청하였다. 법에 따라 위층 주민이 늦은 시간에는 소음을 내지 않겠다고 약속하여 문제를 해결할 수 있었다.

① 교통사고 예방        ② 개인 정보 보호        ③ 환경 파괴 예방
④ 개인의 재산 보호       ⑤ 개인 간의 분쟁 해결

**여러 가지 사회 규범**

사회에서 지켜야 할 약속을 '사회 규범'이라고 합니다. 설날에 세배를 하는 것처럼 오랫동안 되풀이되어 온 규범을 '관습'이라고 하고, 어려운 사람을 돕는 등 마땅히 지켜야 할 행동이나 마음가짐을 '도덕'이라고 합니다. 또 공공장소에서 질서를 지키는 등 서로 존중하는 마음을 담은 행동을 '예절'이라고 합니다. '법'은 국가가 정한 규범으로 강제성이 있습니다.

**1** 다음 빈칸에 들어갈 말의 뜻을 보고, 알맞은 낱말을 보기 에서 찾아 쓰세요.

> 보기　　　　　권리　　　　규제　　　　기준

(1) 모든 국민은 인간다운 생활을 할 _____을/를 가진다.
　　　　　　　　　　└ 어떤 일을 행하거나 타인에 대하여 당연히 요구할 수 있는 힘이나 자격.

(2) 나라에서는 _____을/를 줄여 수출을 늘리는 정책을 썼다.
　　　　　　　└ 규칙이나 규정에 의하여 일정한 한도를 정하거나 정한 한도를 넘지 못하게 막음.

(3) 선생님은 새로운 _____에 따라 학생들의 활동을 평가하였다.
　　　　　　└ 기본이 되는 표준.

**2** 다음 문장에 들어갈 알맞은 낱말을 골라 ○표 하세요.

(1) ┌ 어른을 만나 ( 공정하게 / 공손하게 ) 인사하였다.
　　└ 그 심판은 규칙에 따라 ( 공정하게 / 공손하게 ) 판정을 내린다고 알려져 있다.

(2) ┌ 틀린 내용을 ( 개정하여 / 규정하여 ) 보고서를 다시 제출하였다.
　　└ 우리나라는 국민의 기본 권리를 헌법으로 ( 개정하여 / 규정하여 ) 보호하고 있다.

(3) ┌ 그 제품 광고는 소비자들의 호기심을 ( 유발하였다 / 적발하였다 ).
　　└ 심판은 부정행위를 하는 선수들을 모두 ( 유발하였다 / 적발하였다 ).

**3** 다음 문장에서 '힘없다'가 어떤 뜻으로 사용되었는지 번호를 쓰세요.

> 힘없다
> ① 기운이나 의욕 등이 없다.
> ② 힘이나 권세, 위력 등이 없다.

(1) 나혜는 지친 표정으로 힘없이 걸어왔다.　　　　　　　　　　　　　　(　　　)
(2) 힘없는 백성들은 원님의 횡포에도 당하고 있을 수밖에 없었다.　　　(　　　)
(3) 우리 집 강아지 몽이가 거실에 힘없이 누워 있어서 걱정이 되었다.　(　　　)
(4) 지석이의 꿈은 의사가 되어 힘없는 사람들을 무료로 진료해 주는 것이다.　(　　　)

# 법에도 위아래가 있나요

 **매체 독해** 다음 안내글을 읽고, 물음에 답해 봅시다.

## 대한민국 어린이 국회를 소개합니다

　대한민국 어린이 국회는 어린이들이 공동체의 관심사에 대해 문제의식을 가지고 서로 의견을 나누며 민주주의를 체험할 수 있는 기회를 제공하여, 민주 시민으로서의 자질과 미래 지도자로서의 능력을 키울 수 있게 하는 입법 활동 체험의 장입니다.

**❯어린이 국회의 기대 효과**

**국회의 입법 과정 직접 체험**
- 국회에서 법을 만드는 과정에 대한 이해
- 법의 중요성 인식
- 정치에 대한 올바른 이해와 관심 증대

**민주 시민으로서의 자질 함양**
- 민주적 토론 문화 정착
- 대화와 타협, 소수 의견 존중, 다수결의 원리 등 민주주의 기본 원리 이해
- 정치 지도자가 갖추어야 할 리더십 자질 함양

**민주 시민 교육 공동체 형성**
- 국민과 함께하는 열린 국회 구현
- 학교, 교육청, 국회 등 공동체 형성

**1** 다음 빈칸에 들어갈 알맞은 말을 쓰세요.

　어린이 국회에서는 법을 만드는 국회의 (　　　　　　　　) 과정에 대해 이해하고 체험하는 활동을 한다.

**2** 어린이 국회 활동을 통해 얻을 수 있는 효과로 알맞지 <u>않은</u> 것은 어느 것인가요? (　　　　)

① 민주주의의 기본 원리를 이해할 수 있다.
② 정치에 대한 올바른 이해와 관심을 높일 수 있다.
③ 공동체의 관심사에 대해 문제의식을 가질 수 있다.
④ 정치 지도자에게 필요한 리더십 자질을 키울 수 있다.
⑤ 다른 사람이 자신의 주장을 받아들이게 하는 법을 배울 수 있다.

  헌법은 우리나라 최고법이자 가장 기본이 되는 법입니다. 헌법에는 국민의 자유와 권리의 보장, 국민의 의무, 국가 운영 원칙에 관한 내용 등이 규정되어 있습니다. 헌법은 다른 여러 법률이나 정책을 만들고 시행할 때에도 기본이 되기 때문에 '법 중의 법'이라고도 부릅니다.

  우리나라 법에는 헌법, 법률, 명령, 조례와 규칙이 있으며, 이 법들 사이에는 질서와 ❶위계가 있습니다. 헌법은 최고의 법이며, 법률은 국민의 대표인 국회 의원이 만드는 법으로 헌법 아래에 있습니다. 명령은 행정부에 있는 대통령이나 ❷국무총리 등이 만드는 법으로, 법률 아래에 있습니다. 조례와 규칙은 지방 자치 단체나 대법원, 감사원 등이 만드는 법으로, 명령의 아래에 있습니다. 법들 가운데 더 위에 있는 법을 '상위법', 더 아래

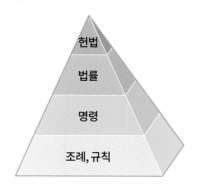

에 있는 법을 '하위법'이라고 합니다. 이때 하위법은 상위법에 어긋나서는 안 됩니다. 조례와 규칙은 명령에 어긋나서는 안 되고, 명령은 법률에 어긋나서는 안 됩니다. 따라서 법률, 명령, 조례와 규칙 등의 모든 법은 가장 상위법인 헌법에 어긋나도록 만들 수 없습니다.

  만약 법률의 내용이 헌법에서 정해 놓은 국민의 권리를 침해한다면 이는 헌법에 어긋나는 것이라고 볼 수 있습니다. 이렇게 헌법에 어긋나는 법률이 만들어지면 어떻게 될까요? 이 경우에는 ❸헌법 재판소에서 그 법률이 ㉠ 위헌인지 아닌지 판단해 줍니다. 만약 헌법 재판소에서 법률이 헌법에 ❹위배된다고 판명한다면, 해당 법률은 무효 처리가 됩니다.

  우리나라에서 위헌 판명이 난 법률 중 하나는 '인터넷 실명제'입니다. 인터넷 실명제란 인터넷 사용자의 이름과 주민등록번호가 확인되어야만 인터넷 게시판에 글을 올릴 수 있도록 한 제도입니다. 이 제도는 인터넷 게시판의 ❺익명성을 악용한 사이버 범죄 피해를 줄이기 위해 만들어졌지만 시행 이후 여러 문제점이 제기되었습니다. 결국 인터넷 실명제는 표현의 자유와 개인 인권 침해 등의 이유로 위헌 결정이 내려져, 시행된 지 5년 만인 2012년에 ❻효력이 상실되었습니다.

  그렇다면 최고법인 헌법을 새로 정하거나 고칠 때는 어떻게 해야 할까요? 이 경우에는 국민 투표를 실시합니다. 헌법을 통해 국민의 자유와 권리가 보장되기 때문에 국민이 헌법의 내용을 잘 살펴보도록 하기 위해서 국민 투표를 통해 헌법을 만들거나 수정하는 것입니다.

---------------------------------------------------------------------------------------------

❶ 위계: 지위나 계층 등의 등급.
❷ 국무총리: 대통령을 도와 정치와 사무를 행하는 각부를 다스리는 장관들의 우두머리.
❸ 헌법 재판소: 법령의 위헌 여부를 일정한 소송 절차에 따라 심판하기 위하여 설치한 특별 재판소.
❹ 위배되다: 법률, 명령, 약속 등이 지켜지지 않고 어겨지다.
❺ 익명성: 어떤 행위를 한 사람이 누구인지 드러나지 않는 특성.
❻ 효력: 법률이나 규칙 등의 작용.

**1** 이 글을 읽고 답할 수 <u>없는</u> 질문은 어느 것인가요? ( )

① 법률은 누가 만드나요?
② 헌법 아래에 있는 법은 무엇인가요?
③ 헌법을 새로 만들 때에는 어떻게 하나요?
④ 헌법에 어긋나는 법률은 어떻게 처리하나요?
⑤ 우리나라에서 무효 처리가 된 법률은 총 몇 개인가요?

**2** 헌법에 대한 설명으로 알맞은 것에는 ○표, 알맞지 <u>않은</u> 것에는 ×표 하세요.

(1) 헌법을 수정하는 일은 헌법 재판소가 담당한다. ( )
(2) 헌법에는 국가를 운영하는 원칙에 관한 내용이 담겨 있다. ( )
(3) 헌법은 '법 중의 법'이라고 불리는 우리나라의 최고법이다. ( )
(4) 헌법에는 국민의 자유와 권리를 보장하는 내용이 규정되어 있다. ( )

**3** 우리나라 법의 위계를 다음과 같이 나타낼 때, ㉮~㉰에 들어갈 말을 알맞게 짝지은 것은 어느 것인가요? ( )

| 헌법 | > | ㉮ | > | ㉯ | > | ㉰ |

| | ㉮ | ㉯ | ㉰ |
|---|---|---|---|
| ① | 명령 | 법률 | 조례, 규칙 |
| ② | 명령 | 조례, 규칙 | 법률 |
| ③ | 법률 | 명령 | 조례, 규칙 |
| ④ | 법률 | 조례, 규칙 | 명령 |
| ⑤ | 조례, 규칙 | 명령 | 법률 |

**4** 법에 대한 설명으로 알맞은 것은 어느 것인가요? ( )

① 한번 정해진 법률은 변하지 않는다.
② 명령은 조례와 규칙을 바탕으로 만든다.
③ 명령은 상위법인 법률에 위배되면 안 된다.
④ 조례와 규칙은 대통령이나 국무총리가 만든다.
⑤ 조례나 규칙은 명령에 어긋나면 안 되지만 법률에 어긋날 수 있다.

**5** 다음에서 설명하는 대상을 이 글에서 찾아 쓰세요.

> 헌법을 바탕으로 하여 만들어진 법으로, 국민의 대표인 국회 의원이 만든다.

(            )

 **6** ㉠ 대신 쓸 수 있는 표현으로 알맞은 것은 어느 것인가요? (     )

① 헌법을 뒷받침하는지
② 헌법에 포함될 수 있는지
③ 헌법을 새로 만들 수 있는지
④ 헌법의 조항이나 정신에 어긋나는지
⑤ 헌법을 수정하는 데 도움을 줄 수 있는지

 **7** 다음 사례를 잘못 이해한 것은 어느 것인가요? (     )

> '인터넷 게임 셧다운제'는 16세 미만의 청소년이 오전 0시부터 오전 6시까지 게임을 할 수 없게 금지하는 제도이다. 이는 우리나라의 청소년이 건강하게 성장할 권리를 보호하기 위해 시행한 제도이지만, 한편에서는 이 제도가 청소년이 자유롭게 행동할 권리를 침해한다며 헌법 재판소에 심판을 요청하였다. 당시 헌법 재판소에서는 이 제도가 헌법에 어긋나지 않는다고 판결하였지만, 세월이 흐르면서 인터넷 환경 등이 변화하자 2022년 1월 1일부로 '인터넷 게임 셧다운제'는 폐지되었다.

① 헌법 재판소는 법이 헌법에 어긋나는지 판단하는 일을 한다.
② '인터넷 게임 셧다운제'에 대한 판단은 시간이 흐르면서 달라졌다.
③ '인터넷 게임 셧다운제'는 헌법 재판소의 판결로 현재도 효력이 남아 있다.
④ '인터넷 게임 셧다운제'는 16세 미만 청소년의 권리를 보호하기 위해 만들어졌다.
⑤ '인터넷 게임 셧다운제'가 상위법에 어긋난다고 생각해서 헌법 재판소에 심판을 요청했다.

 **배경 +지식 넓히기**

**헌법 재판소에서 하는 일**
헌법 재판소는 국회에서 만든 법률이 헌법에 어긋나지 않았는지 심사합니다. 또 대통령이나 장관 등이 큰 잘못을 저질러 국회에서 파면을 요구할 때 이를 심사하거나, 헌법을 지키지 않은 정당이 있다면 정당의 해산에 대해 심판하는 일을 합니다. 이 밖에 국가 기관 간의 권한과 의무에 대한 다툼을 해결하기도 합니다.

**1** 다음 밑줄 친 낱말의 뜻으로 알맞은 것을 선으로 이어 보세요.

(1) 그 증거는 법적 효력이 없다. •

(2) 군대는 위계가 분명한 조직이다. •

(3) 이 설문 조사는 익명성을 철저히 보장합니다. •

• ㉠ 지위나 계층 등의 등급.

• ㉡ 법률이나 규칙 등의 작용.

• ㉢ 어떤 행위를 한 사람이 누구인지 드러나지 않는 특성.

**2** 다음 빈칸에 들어갈 알맞은 낱말을 보기 에서 찾아 활용하여 쓰세요.

보기    수정하다    위배하다    제기하다    판명하다

(1) 교통 법규를 _____ 경우에는 벌금을 내야 한다.

(2) 엄마의 결정에 그 누구도 이의를 _____ 수 없었다.

(3) 공사장에서 발견된 유물이 진짜인지, _____ 작업이 시작되었다.

(4) 날씨가 좋지 않아 여행 계획을 실내 위주로 _____ 수밖에 없었다.

**3** 다음 밑줄 친 말과 바꾸어 쓸 수 있는 것에 ○표 하세요.

(1) 등록한 기간이 지나 회원 자격이 상실되었다.

| 높아졌다 | 사라졌다 | 상충되었다 |

(2) 이 그림이 진품인지 아닌지 판단하기 쉽지 않다.

| 판매하기 | 판정하기 | 판판하기 |

(3) 일회용품 사용을 줄이기 위한 캠페인을 실시하였다.

| 시행하였다 | 유행하였다 | 주행하였다 |

## 3장 법을 어기면 어떤 벌을 받나요

21
일차

정답 확인
하루한장 앱에서
학습 인증하고
하루템을 모으세요!

**매체 독해** 다음 법률 상담 센터의 상담 사례를 보고, 물음에 답해 봅시다.

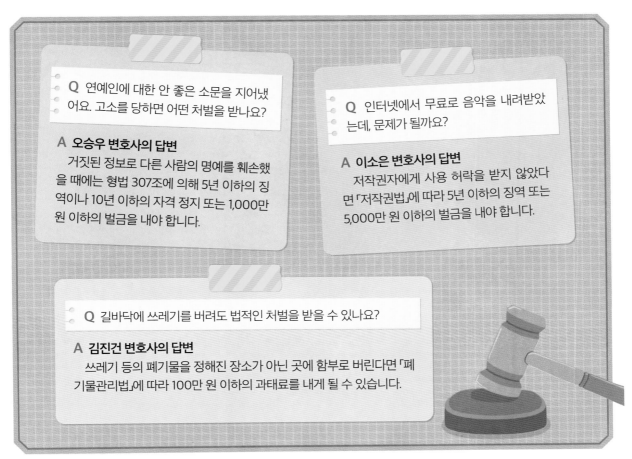

**Q** 연예인에 대한 안 좋은 소문을 지어냈어요. 고소를 당하면 어떤 처벌을 받나요?

**A 오승우 변호사의 답변**
거짓된 정보로 다른 사람의 명예를 훼손했을 때에는 형법 307조에 의해 5년 이하의 징역이나 10년 이하의 자격 정지 또는 1,000만 원 이하의 벌금을 내야 합니다.

**Q** 인터넷에서 무료로 음악을 내려받았는데, 문제가 될까요?

**A 이소은 변호사의 답변**
저작권자에게 사용 허락을 받지 않았다면 「저작권법」에 따라 5년 이하의 징역 또는 5,000만 원 이하의 벌금을 내야 합니다.

**Q** 길바닥에 쓰레기를 버려도 법적인 처벌을 받을 수 있나요?

**A 김진건 변호사의 답변**
쓰레기 등의 폐기물을 정해진 장소가 아닌 곳에 함부로 버린다면 「폐기물관리법」에 따라 100만 원 이하의 과태료를 내게 될 수 있습니다.

**1** 인터넷에서 허락을 받지 않고 영화를 무료로 다운받은 상황에 적용되는 법의 이름을 위의 상담 사례에서 찾아 쓰세요.

(        )

**2** 위 사례에 대해 바르게 이해한 사람의 이름을 모두 쓰세요.

- 진영: 저작권자의 허락 없이 음악을 받으면 벌금을 내게 될 수 있구나.
- 하준: 쓰레기를 길바닥에 버리는 행동은 「폐기물관리법」에 의해 처벌될 수 있구나.
- 수아: 연예인에 대한 나쁜 소문을 퍼뜨리면 나와 가족의 명예를 훼손하게 되는구나.

(        )

주제5. 일상생활과 법 **117**

(가) 옆집 할머니께 인사를 하지 않은 사람은 어떤 벌을 받게 될까요? 예의가 없다고 손가락질을 당하겠지만 특별히 벌을 받진 않을 것입니다. 그렇다면 가게에서 물건을 훔친 사람은 어떨까요? 아마도 저지른 죄의 무게에 따라 ❶형벌을 받게 될 것입니다. 인사를 하지 않은 것은 예절을 어긴 것이지만, 물건을 훔치는 행동은 법을 어긴 것이기 때문입니다. 예절과 달리 법에는 강제성이 있어서, 이를 어기게 되면 크고 작은 형벌을 받게 됩니다. 형벌은 크게 네 가지로 구분할 수 있습니다.

(나) 첫 번째는 범죄자를 감옥에 가두어 신체적 자유를 빼앗는 '자유형'입니다. 자유형에는 정해진 기간 동안 교도소에 살면서 일을 해야 하는 '징역'과, 교도소에 갇히지만 일은 하지 않는 '금고', 1일 이상 30일 미만으로 교도소나 ❷유치장에 갇히는 '구류'가 있습니다. 무거운 죄를 지은 경우 평생을 감옥에서 지내야 하는 경우도 있습니다.

(다) 두 번째는 어떤 자격이나 권리를 빼앗거나 정지시키는 '명예형'입니다. 일정 기간 동안 자격의 전부 또는 일부가 정지되는 것인 '자격 정지'와, 사형, ❸무기 징역, 무기 금고의 판결을 받은 사람들이 일정한 자격을 갖지 못하게 하는 '자격 상실'이 있습니다. '자격 정지'의 예로는 약사법을 어긴 약사가 일정 기간 동안 약사 자격이 정지되어 일을 할 수 없게 되는 것이 있습니다. '자격 상실'의 예로는 무기 징역을 선고받은 사람은 공무원이 되는 자격을 상실하게 되는 것이 있습니다.

(라) 세 번째는 범죄자에게 재산상의 불이익을 주는 '재산형'입니다. 재산형에는 일정한 금액을 국가에 강제적으로 납부하도록 하는 '벌금·과료'와, 범죄를 저질러 재산을 모았을 경우, 범죄와 관련된 재산을 나라에서 박탈하는 ❹'몰수'가 있습니다.

(마) 마지막은 '생명형'입니다. 생명형은 사형, 즉 죄를 지은 사람의 생명을 박탈하는 것을 말하는데, 아주 끔찍하고 중대한 범죄를 저지른 사람이 받게 되는 형벌입니다. 최근에는 사람의 생명을 중시해야 한다는 입장에서 많은 나라들이 사형 제도를 없애고 있습니다. 우리나라에는 법률상 사형 제도가 있지만 오랫동안 사형을 집행하지 않았습니다.

(바) 형벌은 법을 어긴 사람에게 주는 불이익으로, 사회의 질서를 유지하고 정의로운 사회를 만들기 위해 필요한 것입니다. 형벌을 주는 까닭은, 범죄를 저지른 사람은 벌을 받는다는 것을 알려 주어서 범죄가 ❺재발하는 것을 막기 위함입니다. 그러므로 마음대로 과도한 형벌을 주어서는 안 되고, 죄에 따라 법에서 정해진 만큼의 형벌을 주어야 합니다.

------------------------------------------------------------------------

❶ **형벌**: 죄를 지은 사람에게 법에 따라 주는 벌.
❷ **유치장**: 피의자나 경범죄를 지은 사람 등을 한때 가두어 두는 곳. 각 경찰서에 있다.
❸ **무기**: 언제까지라고 정한 기한이 없음.
❹ **몰수**: 법을 어겼거나 잘못을 저지른 사람에 대한 형벌로, 가지고 있는 물건이나 권리 등을 모조리 빼앗는 것.
❺ **재발하다**: 다시 발생하다.

**1** 다음 빈칸에 들어갈 알맞은 말을 이 글에서 찾아 쓰세요.

> 범죄를 저지른 사람은 저지른 죄의 무게에 따라 (          )을/를 받는다.

**2** 이 글을 내용상 크게 세 부분으로 나눌 때 가장 알맞은 것은 어느 것인가요?   (      )

① (가) / (나), (다) / (라), (마), (바)
② (가) / (나), (다), (라), (마) / (바)
③ (가), (나) / (다), (라) / (마), (바)
④ (가), (나) / (다) / (라), (마), (바)
⑤ (가), (나), (다) / (라) / (마), (바)

**3** 이 글에서 답을 알 수 <u>없는</u> 질문은 어느 것인가요?   (      )

① 예절과 법의 차이점은 무엇인가요?
② 형벌이 필요한 까닭은 무엇인가요?
③ 범죄자를 감옥에 가두는 것은 어떤 형벌인가요?
④ 우리나라의 형벌은 크게 몇 가지로 구분할 수 있나요?
⑤ 우리나라에 사형 제도가 남아 있는 까닭은 무엇인가요?

**4** 이 글의 내용으로 알맞지 <u>않은</u> 것은 어느 것인가요?   (      )

① 형벌은 크게 네 가지로 구분할 수 있다.
② 자유형에는 징역, 금고, 구류 등이 있다.
③ 저지른 죄의 무게에 따라 다른 형벌을 받는다.
④ 법에는 강제성이 있어서 어기면 형벌을 받게 된다.
⑤ 자격이나 권리를 빼앗거나 정지시키는 형벌은 재산형이다.

**5** 이 글의 내용을 잘못 이해한 사람은 누구인가요? ( )

① 선하: 형벌이 있으면 범죄가 재발하는 것을 줄일 수 있겠구나.

② 솔이: 저지른 죄의 무게에 따라 형벌의 크기가 법으로 정해져 있구나.

③ 성윤: 하나의 범죄를 저질렀을 때 여러 형벌을 한꺼번에 받기도 하는구나.

④ 주희: 다시는 죄를 짓지 않도록 법에 정해진 것보다 무거운 형벌을 주는 것이 좋겠구나.

⑤ 찬희: 징역과 금고는 교도소에 갇히는 것은 같지만 일을 하는지 안 하는지에서 차이가 있구나.

**6** 다음 중 형벌을 받게 되는 상황이 아닌 것은 어느 것인가요? ( )

① 다른 사람의 생명을 빼앗은 경우

② 다른 사람의 물건을 몰래 훔친 경우

③ 나쁜 꾀로 다른 사람을 속여 돈을 많이 모은 경우

④ 다른 사람을 협박하여 금품을 강제로 빼앗은 경우

⑤ 식사 시간에 입에 음식을 넣은 채 큰 소리로 떠든 경우

**7** 보기 에서 같은 종류의 형벌을 받은 사람끼리 알맞게 짝지은 것은 어느 것인가요?

( )

보기
ㄱ. 음주 운전을 하여 벌금을 내게 된 운전자
ㄴ. 다른 사람을 폭행하여 징역을 선고받은 범인
ㄷ. 금지된 의료 행위를 하여 자격이 정지된 의사
ㄹ. 뇌물을 받아 쌓은 재산을 국가에 빼앗긴 공무원

① ㄱ, ㄴ          ② ㄱ, ㄹ          ③ ㄴ, ㄷ
④ ㄴ, ㄹ          ⑤ ㄷ, ㄹ

**함무라비 법전**

고대 바빌로니아의 함무라비 왕 시대의 법에는 '눈에는 눈, 이에는 이'의 처벌 방법이 적혀 있습니다. '타인의 뼈를 부러뜨렸다면, 그 사람의 뼈를 부러뜨린다.' 등 피해를 당한 사람이 죄를 저지른 사람에게 똑같이 복수할 수 있게 한 것입니다. 다만 이 시대는 신분제 사회였기 때문에 평민이 귀족에게 상처를 입히면 귀족이 평민에게 상처를 입혔을 때보다 더 강한 처벌을 받았습니다.

**하루 어휘**

**1** 다음 밑줄 친 낱말의 뜻을 보기 에서 찾아 기호를 쓰세요.

> **보기**
> ㉠ 언제까지라고 정한 기한이 없음.
> ㉡ 죄를 지은 사람에게 법에 따라 주는 벌.
> ㉢ 피의자나 경범죄를 지은 사람 등을 한때 가두어 두는 곳.
> ㉣ 법을 어겼거나 잘못을 저지른 사람에 대한 형벌로, 가지고 있는 물건이나 권리 등을 모조리 빼앗는 것.

(1) 그가 지은 죄에 비해 형벌이 너무 가볍다. ( )
(2) 그녀는 도피 중이지만, 재산은 이미 몰수를 했다. ( )
(3) 경찰은 술을 마시고 난동을 부린 사람들을 유치장에 가두었다. ( )
(4) 끔찍한 범죄를 저질러 체포된 범죄자가 무기 징역을 선고받았다. ( )

**2** 다음 문장에 들어갈 알맞은 낱말을 골라 ○표 하세요.

(1)
택배를 보낼 때 무게가 3 kg ( 초과 / 미만 )(이)면 추가 금액을 내야 한다.
이 영화는 만 12세 ( 초과 / 미만 ) 시청 불가이므로, 8살인 동생은 볼 수 없다.

(2)
이 자리는 4인 ( 이상 / 이하 )만 앉을 수 있으므로, 3인인 경우에는 이동해 주세요.
이 놀이 기구는 키 100 cm ( 이상 / 이하 )인 사람만 이용할 수 있으므로 120 cm인 어린이는 이용할 수 없습니다.

**3** 다음 빈칸에 들어갈 알맞은 낱말의 기본형을 선으로 이어 보세요.

(1) _____ 포장은 쓰레기를 발생시킨다. • • ㉠ 과도하다

(2) 같은 사고가 _____ 않도록 대책을 세웠다. • • ㉡ 재발하다

(3) 이 사안은 문제가 매우 _____ 회의를 소집하였다. • • ㉢ 중대하다

 **매체 독해** 다음 학급 게시판을 보고, 물음에 답해 봅시다.

---

**선생님**

우주 개발이 본격적으로 시작되면서 개발에 참여한 나라들 사이에 마찰이 생기기 시작했어요. 이에 따라 문제가 일어나는 것을 예방하고, 실제로 문제가 생겼을 때 해결할 수 있는 기준을 마련하고자 1967년에 처음으로 우주에 관한 법이 만들어졌어요. 우리나라에서도 2005년에 '우주개발 진흥법'이 만들어졌습니다. 우주에 관한 법에 담긴 내용을 조사해서 댓글을 달아 주세요.

댓글 달기 | 공유하기 | 좋아요 | ♥3

└ **하루** · 20○○년 ○○월 ○○일
우주에 군사 시설을 설치하지 않는다는 내용이 있어요.

└ **준호** · 20○○년 ○○월 ○○일
우주는 평화적으로만 이용할 수 있고, 세계 모든 사람들의 이익을 위해 개발해야 한다고 해요.

└ **미라** · 20○○년 ○○월 ○○일
우주는 모든 나라에 개방되며 어느 한 나라가 차지해서는 안 된다고 했어요.

---

**1** 우주에 관한 법에 대한 설명으로 알맞은 것은 어느 것인가요? (      )

① 우리나라는 세계 최초로 우주에 관한 법을 만들었다.
② 1967년에 전 세계 모든 나라에서 '우주개발 진흥법'을 만들었다.
③ 2005년에 우주 개발이 본격적으로 시작되면서 만들어진 법이다.
④ 우주 개발에 참여할 수 있는 자격을 규정하려고 만들어진 법이다.
⑤ 우주 개발과 관련한 갈등이 발생하면서 이를 해결하기 위해 만들었다.

**2** 우주에 관한 법의 내용으로 알맞은 것에는 ○표, 알맞지 <u>않은</u> 것에는 ×표 하세요.

(1) 우주에 군사 기지 및 무기를 배치할 수 있다. (      )
(2) 우주 관련 사업을 주도하는 국가가 우주를 차지할 수 있다. (      )
(3) 우주는 세계 모든 사람들을 위하여 평화적으로만 이용해야 한다. (      )

사람은 혼자 살 수 없기 때문에 여럿이 모여서 사회를 이루고 살아갑니다. 여러 사람이 함께 어울려 살기 위해서는 여러 가지 규범이 필요하고, 그중에는 법도 포함되어 있습니다. 우리 사회에 있는 수많은 법을 어떻게 나눌 수 있을까요? 법은 ❶규율하는 생활 영역에 따라 공법, 사법, 사회법으로 구분합니다.

㉠ 공법은 국가와 개인 간의 공적인 생활 영역을 규율하는 법을 말합니다. 세금을 내는 것, ❷국방의 의무를 지는 것, 선거에서 투표할 권리 등과 관련된 공적인 생활을 다룹니다. 공법은 국가를 통치하는 중요한 수단으로서, 주로 국가나 공공 단체 등이 ❸공권력을 시행하는 것에 대한 내용을 규정하고 있습니다. 대표적인 공법으로는 헌법과 형법이 있습니다. 헌법은 국민의 권리와 의무, 국가 기관을 운영하는 기본 원칙 등을 규정하는 법이고, 형법은 범죄의 종류와 형벌의 정도를 규정하는 법입니다. 이 밖에 재판의 절차를 규정하는 소송법, ❹행정 기관이 만들어지고 작용하는 것에 관해 정해 놓은 행정법도 공법에 해당됩니다.

사법은 개인과 개인 간의 사적인 생활 영역을 규율하는 법을 말합니다. 결혼, 계약, 거래 등 일상생활에서 다른 사람과 맺는 다양한 관계를 통해 생길 수 있는 사람들 사이의 갈등을 예방하고 해결하기 위한 내용을 규정합니다. 대표적인 사법으로는 민법과 상법이 있습니다. 민법은 개인의 가족 관계, 개인 간의 사적인 재산 관계에 관해 규율하는 법입니다. 결혼과 이혼, ❺상속, 유언, 재산권과 계약, 다른 사람에게 끼친 손해에 대한 ❻배상 등을 다루며, 가족생활을 유지하고 재산권을 보호하는 역할을 합니다. 상법은 개인 또는 기업의 경제생활 관계를 규율하는 법으로, 상거래 활동을 다룹니다.

㉡ 사회법은 사법적인 영역인 개인 간의 관계에 국가가 개입하는 새로운 유형의 법입니다. 근대 이후 경제가 발전하면서, 노동자가 일하는 조건이 나빠지고 빈부 격차가 심화되는 등의 사회 문제가 발생했습니다. 이러한 문제를 국가가 해결해야 한다는 요구가 생기면서 사회법이 등장했습니다. 약자의 권리를 보호하고 모든 국민의 최소한의 인간다운 생활을 보장하는 것이 사회법의 목적입니다. 사회법은 노동법, 경제법, 사회 보장법으로 구분할 수 있습니다. 노동법은 근로자를 보호하는 법으로, 근로 조건과 근로자의 권리 등을 규정합니다. 경제법은 공정하고 자유로운 경쟁을 통해 바람직한 경제 활동을 보장하고 소비자의 권리와 이익을 보호하기 위한 법입니다. 사회 보장법은 실업, 장애, 고령 등으로 어려움에 처한 사람들을 돕고 국민의 인간다운 생활을 보장하기 위한 법입니다.

----

❶ **규율하다**: 질서나 제도를 좇아 다스리다.
❷ **국방**: 다른 나라의 침입이나 위협으로부터 나라를 지키는 일.
❸ **공권력**: 국가가 국민을 통제하고 명령할 수 있는 권력.
❹ **행정**: 정부가 법에 따라 나라를 다스리는 일.
❺ **상속**: 사람이 죽은 뒤에 그의 재산을 넘겨받거나 물려주는 일.
❻ **배상**: 남의 권리를 침해한 사람이 그 손해를 물어 주는 일.

**1** 이 글의 중심 내용으로 알맞은 것은 어느 것인가요? ( )

① 좋은 법과 나쁜 법의 차이
② 우리나라 법의 종류와 특징
③ 법을 해석하는 여러 가지 방법
④ 우리나라 법의 위계와 각 법의 개수
⑤ 국가별 법의 제정 방법과 적용 방식

**2** 다음 빈칸에 들어갈 알맞은 말을 쓰세요.

> 법은 국가와 개인 간의 공적인 생활 영역을 규율하는 ( ), 개인과 개인 간의 사적인 생활 영역을 규율하는 ( ), 개인 간의 관계에 국가가 개입하여 약자를 보호하는 ( )(으)로 구분할 수 있다.

**3** 이 글의 내용으로 알맞지 <u>않은</u> 것은 어느 것인가요? ( )

① 공법은 주로 공권력을 시행하는 것에 대한 내용을 규정한다.
② 결혼이나 계약, 상거래와 관련된 일은 사법을 통해 해결한다.
③ 세금을 내는 것, 국방의 의무 등은 사적인 생활 영역에 해당한다.
④ 사법은 개인 간의 갈등을 예방하고 해결하기 위한 내용을 규정한다.
⑤ 사회법은 근대 이후 경제 성장에 따른 문제점을 해결하기 위해 등장하였다.

**4** 법의 종류와 그 예가 알맞은 것에는 ○표, 알맞지 <u>않은</u> 것에는 ×표 하세요.

(1)
| 공법 |
|---|
| • 헌법 |
| • 형법 |
| • 행정법 |

( )

(2)
| 사법 |
|---|
| • 민법 |
| • 상법 |
| • 소송법 |

( )

(3)
| 사회법 |
|---|
| • 노동법 |
| • 경제법 |
| • 사회 보장법 |

( )

**5** ㉠에서 규정하는 대상으로 알맞은 것은 어느 것인가요? (          )

① 투표권　　　　　　　② 결혼과 이혼　　　　　　③ 개인 간의 계약
④ 기업의 경제 활동　　　⑤ 손해에 대한 배상

**6** ㉡이 만들어진 목적으로 알맞은 것은 어느 것인가요? (          )

① 사회의 빈부 격차를 심화시키는 것
② 강자의 권리를 보호하여 경제를 성장시키는 것
③ 국민이 국가에 대한 의무를 다할 수 있게 하는 것
④ 개인의 가족생활을 유지하고 재산권을 보호하는 것
⑤ 모든 국민에게 최소한의 인간다운 생활을 보장하는 것

**7** ㉮~㉱의 상황에 적용할 수 있는 법을 알맞게 짝지은 것은 어느 것인가요? (          )

|   | ㉮ | ㉯ | ㉰ |
|---|---|---|---|
| ① | 형법 | 헌법 | 노동법 |
| ② | 헌법 | 형법 | 경제법 |
| ③ | 민법 | 형법 | 노동법 |
| ④ | 민법 | 경제법 | 사회 보장법 |
| ⑤ | 사회 보장법 | 민법 | 형법 |

**사회법의 등장 배경**

근대 서구 사회에서는 개인이 자유롭게 계약을 맺었습니다. 산업화가 진행되고 자본주의가 발달하면서 경제적 약자들은 자신에게 불리한 계약도 어쩔 수 없이 응할 수밖에 없었습니다. 이는 노동자들이 자본가들에게 착취당하는 결과로 이어지게 되었습니다. 이로 인해 빈부 격차, 노동 환경 악화 등이 심해지자, 국가가 나서서 문제를 해결하기 위해 사회법이 만들어지게 되었습니다.

**1** 다음 밑줄 친 낱말의 뜻으로 알맞은 것을 선으로 이어 보세요.

(1) 그는 피해자에게 큰 금액을 배상하였다. •

(2) 국가는 공권력을 투입하여 문제를 해결하였다. •

(3) 국방을 튼튼히 하여 외세의 침략에 대비하였다. •

• ㉠ 국가가 국민을 통제하고 명령할 수 있는 권력.

• ㉡ 남의 권리를 침해한 사람이 그 손해를 물어 주는 일.

• ㉢ 다른 나라의 침입이나 위협으로부터 나라를 지키는 일.

**2** 다음 빈칸에 들어갈 말의 뜻을 보고, 알맞은 낱말을 보기에서 찾아 쓰세요.

| 보기 | 규율 | 상속 | 실업 | 행정 |

(1) 여름 방학 캠프에서는 엄격한 _____ 을 지켜야 했다.
　　└ 질서나 제도를 유지하기 위하여 정하여 놓은, 행동의 준칙이 되는 본보기.

(2) _____ 문제가 심각해지자 정부는 대책 마련에 나섰다.
　　└ 일할 기회를 얻지 못하거나 일자리를 잃는 것.

(3) 그는 공무원 시험에 합격하여 _____ 기관에서 일하고 있다.
　　└ 정부가 법에 따라 나라를 다스리는 일.

(4) 할아버지는 재산 _____ 에 관한 서류를 미리 작성해 두었다.
　　└ 사람이 죽은 뒤에 그의 재산을 넘겨받거나 물려주는 일.

**3** 다음 문장에서 '공적'이 어떤 뜻으로 사용되었는지 번호를 쓰세요.

공적

① 국가나 사회에 관계되는 것.

② 노력과 수고를 들여 이루어 낸 일의 결과.

(1) 공적 자금을 사적으로 사용해서는 안 된다. ( )
(2) 이 기술은 그녀가 평생 동안 이룬 공적이다. ( )
(3) 국어학자 주시경 선생의 공적을 살펴보았다. ( )
(4) 공적인 자리인 만큼 더욱 예의를 갖춰야 한다. ( )

23일차

5장 재판정에는 어떤 사람들이 있나요

정답 확인

하루한장 앱에서
학습 인증하고
하루템을 모으세요!

**매체 독해** 다음 재판정의 모습을 담은 그림을 보고, 물음에 답해 봅시다.

**1** 위 재판정에서 다음 설명에 해당하는 사람을 찾아 쓰세요.

> 범죄를 저질렀다는 혐의를 받아 재판을 받는 사람을 ( )(이)라고 한다.

**2** 재판에 등장하는 사람의 역할에 대한 설명으로 알맞은 것은 어느 것인가요? ( )

① 증인은 사건과 관련해 자기가 보고 들은 사실을 말한다.
② 판사는 법정에서 피고인을 보호하고 도와주는 역할을 한다.
③ 검사는 재판을 이끌며 법에 따라 피고인을 심판하는 역할을 한다.
④ 변호사는 피고인이 잘못한 점을 지적하여 벌을 내리게 하는 역할을 한다.
⑤ 서기는 법정에서 판사, 변호인, 검사 등이 말하는 모습을 영상으로 촬영한다.

　재판은 어떤 분쟁이나 범죄가 발생했을 때, 법원이 법을 적용하여 옳고 그름을 판단하는 것을 말합니다. 재판은 영화나 드라마의 소재로도 많이 이용되기 때문에, 한 번쯤은 재판정의 모습을 화면으로 본 적이 있을 것입니다. 재판정 안에는 열심히 의견을 펼치는 검사와 변호사, [1]법복을 입고 엄숙한 표정으로 판결을 내리는 판사 등 여러 사람들이 있습니다. 그런데 재판의 종류에 따라 재판정의 모습도 다르다는 사실을 알고 있나요? 재판에는 여러 종류가 있지만 대표적으로는 '민사 재판'과 '형사 재판'이 있습니다.

　민사 재판은 개인 사이에 발생한 다툼을 해결하기 위한 재판을 말합니다. 민사 재판은 손해를 입은 사람이 법원에 [2]소장을 제출하면서 시작되는데, 이 사람을 '원고'라고 합니다. 그러면 법원은 이 소장을 소송을 당하는 사람인 '피고'에게 전달하고, 피고는 소장에 대한 답변서를 냅니다. 그리고 원고와 피고는 자신의 주장이 정당하다는 증거를 법원에 냅니다. 그 후 실제 법정에서 원고와 피고는 서로 자기가 옳다는 것을 주장하게 됩니다. 재판이 진행될 때 원고나 피고의 편에서 법률적인 도움을 주는 사람을 '소송 대리인'이라고 하는데, 주로 변호사가 맡게 됩니다. 원고와 피고의 [3]변론이 끝나면 양측에서 제출한 증거와 변론을 바탕으로 판사가 판결을 내립니다.

　형사 재판은 사회 질서를 어지럽히고 다른 사람의 권리를 침해하는 범죄와 관련된 재판을 말합니다. 먼저 경찰이 검사의 지휘를 받아 범죄 [4]혐의가 있는 [5]피의자를 조사합니다. 범죄 혐의가 인정되면 검사가 피의자에 대한 재판을 법원에 요청하는데, 이를 '[6]공소를 제기한다'라고 말합니다. 공소가 제기된 이후에는 피의자를 '피고인'이라고 부릅니다. 재판은 검사가 피고인을 심문하고 변호인이 피고인을 변호하면서 진행됩니다. 이때 범죄로 피해를 입은 피해자는 재판의 당사자가 아니고 증인으로 재판에 참여할 수 있습니다. 재판을 통해 판사가 피고인에 대한 판결을 내리고, 피고인이 유죄인 경우에는 형벌의 종류와 [7]형량을 정합니다.

　재판은 사람들 사이의 갈등을 해결할 뿐만 아니라, 갈등을 해결하는 합리적 기준을 제시하여 분쟁을 예방하고 사회 질서를 유지하는 기능을 합니다. 또한 법규에 맞고 정의로운 것이 무엇인지를 명확히 함으로써, 법에 담긴 사회 정의를 실현하는 데 기여합니다. 따라서 국민의 자유와 권리를 제대로 보장할 수 있도록 재판은 공정하게 진행되어야 합니다.

------------------------------------------------------------

**❶ 법복**: 법관이 법정에서 입는 옷.

**❷ 소장**: 소송을 제기하기 위하여 법원에 제출하는 서류.

**❸ 변론**: 소송 당사자나 변호인이 법정에서 주장하거나 진술함.

**❹ 혐의**: 범죄를 저질렀을 가능성이 있다고 봄. 또는 그 가능성.

**❺ 피의자**: 범죄의 혐의가 있어서 정식으로 사건이 성립되었으나, 아직 공소 제기가 되지 않은 사람.

**❻ 공소**: 검사가 법원에 특정 형사 사건의 재판을 청구함.

**❼ 형량**: 죄인에게 내리는 형벌의 정도.

**1** 이 글의 짜임으로 알맞은 것은 어느 것인가요? ( )

① 1문단 ― 2문단 ― 3문단 ― 4문단

② 1문단 ┬ 2문단 ┬ 4문단
         └ 3문단 ┘

③ 1문단 ┐
         ├ 3문단 ― 4문단
   2문단 ┘

④ 1문단 ― 2문단 ┬ 3문단
                └ 4문단

⑤ 1문단 ┬ 2문단
        ├ 3문단
        └ 4문단

**2** 이 글에서 설명하지 <u>않은</u> 내용은 어느 것인가요? ( )

① 재판의 의미                    ② 재판의 종류
③ 재판의 절차                    ④ 재판에 참석하는 사람
⑤ 재판이 진행되는 시간

**3** 다음 빈칸에 들어갈 알맞은 말을 이 글에서 찾아 쓰세요.

> 재판은 두 가지로 구분할 수 있는데, ( )은 개인 사이에 발생한 다툼을 해결하기 위한 재판이고, ( )은 사회 질서를 어지럽히고 다른 사람의 권리를 침해하는 범죄와 관련된 재판이다.

**4** 이 글의 내용으로 알맞지 <u>않은</u> 것은 어느 것인가요? ( )

① 재판은 법을 적용하여 이루어진다.
② 재판에서 판사는 판결을 내리는 일을 한다.
③ 재판의 종류에 따라 재판이 진행되는 절차가 다르다.
④ 재판의 종류가 달라져도 재판에 참여하는 사람들은 항상 같다.
⑤ 재판은 어떤 분쟁이나 범죄가 일어났을 때 법에 따라 옳고 그름을 판단하는 것이다.

**5** 그림의 재판에 대한 설명으로 알맞은 것은 어느 것인가요? (      )

① 판사는 피고를 위해 변론한다.

② 피해자는 증인으로 재판에 참여한다.

③ 판사는 원고가 받을 형벌과 형량을 정한다.

④ 원고의 변호사가 피고에 대한 공소를 제기한다.

⑤ 원고와 피고는 소송 대리인과 함께 재판에 참석한다.

**6** 재판의 기능에 대한 설명으로 알맞지 <u>않은</u> 것은 어느 것인가요? (      )

① 사람들 사이의 갈등을 해결해 준다.

② 사회의 질서를 유지하는 기능을 한다.

③ 사람들이 지켜야 하는 법규를 새로 만든다.

④ 갈등을 해결하는 합리적 기준을 제시하여 분쟁을 예방한다.

⑤ 정의로운 것이 무엇인지 명확히 알려 주어 사회 정의를 실현하는 데 기여한다.

**7** 다음에 제시된 재판 과정에서 <u>잘못된</u> 내용을 포함한 것은 어느 것인가요? (      )

| ㉠ | ㉡ | ㉢ | ㉣ | ㉤ |
|---|---|---|---|---|
| A가 B에게 폭력을 휘두름. | 피해자 B가 법원에 소장을 제출함. | 경찰이 A를 조사함. | 검사가 A를 심문하고 변호인이 A를 변호함. | 판사가 A에 대한 판결을 내림. |

① ㉠   ② ㉡   ③ ㉢   ④ ㉣   ⑤ ㉤

**배경 +지식 넓히기**

**재판을 받는 횟수**

범죄를 저지르면 재판을 받습니다. 그런데 재판을 진행하는 과정에서 잘못된 판결이 내려지는 경우가 있기도 합니다. 이럴 때는 자칫 억울하게 형벌을 받는 사람이 생길 수 있게 됩니다. 따라서 우리나라는 법원의 판결에 불복할 경우, 상급 법원에 다시 재판을 청구할 수 있는 심급 제도를 마련해 두었습니다. 그래서 총 3번의 재판을 받을 수 있습니다.

**1** 다음의 뜻을 가진 낱말을 보기 에서 찾아 쓰세요.

| 보기 | 공소 | 변론 | 소장 | 형량 |
|---|---|---|---|---|

(1) 죄인에게 내리는 형벌의 정도. ( )

(2) 소송을 제기하기 위하여 법원에 제출하는 서류. ( )

(3) 검사가 법원에 특정 형사 사건의 재판을 청구함. ( )

(4) 소송 당사자나 변호인이 법정에서 주장하거나 진술함. ( )

**2** 다음의 뜻을 가진 낱말을 골라 ○표 하세요.

(1) 그는 단호하게 { 함의 / 혐의 }를 부정하였다.
　└ 범죄를 저질렀을 가능성이 있다고 봄. 또는 그 가능성.

(2) 그는 형사에게 { 심문 / 심사 }을/를 받다가 결국 자백하였다.
　└ 용의자를 다그쳐 자세히 따져 묻는 것.

(3) 선생님의 { 지위 / 지휘 } 아래 우리는 질서 있게 이동하였다.
　└ 목적을 효과적으로 이루기 위하여 단체의 행동을 통솔함.

**3** 다음 밑줄 친 말의 기본형을 쓰고, 이 말과 비슷한 뜻을 가진 낱말을 보기 에서 찾아 쓰세요.

| 보기 | 경건하다 | 방지하다 | 추진하다 |
|---|---|---|---|

(1) 장례식은 엄숙한 분위기 속에서 진행되었다. [ ] - [ ]

(2) 전염병을 예방하기 위해 방역에 힘쓰고 있다. [ ] - [ ]

(3) 시청에서는 다음 주에 행사를 진행하려고 한다. [ ] - [ ]

# 헌법을 읽어요

6장 24일차

**매체 독해** 다음 인터넷 검색 결과를 보고, 물음에 답해 봅시다.

---

제헌절

- **제헌절**
- 제헌절과 헌법
- 태극기 게양법
- 묻고 답해요

**〉제헌절은 어떤 날인가요?**

1948년 7월 17일 대한민국 헌법 공포를 기념하는 국경일로, 대한민국이 국민의 자유를 존중하는 민주 공화국임을 널리 알린 날입니다.

**〉제헌절은 왜 7월 17일인가요?**

7월 17일은 대한민국의 헌법을 공포한 제헌절이자 또 다른 의미에서 특별한 날입니다. 바로 조선 왕조의 건국일(1392년 7월 17일)입니다. 우리나라 최초의 헌법을 조선 왕조 건국일에 맞춰 공포함으로써 과거 역사와의 연속성까지 드러내고 그 의미를 더 뜻깊게 하였습니다.

**〉제헌절은 공휴일인가요?**

제헌절은 삼일절, 광복절, 개천절, 한글날과 함께 우리나라 5대 국경일 중 하나이지만 다른 국경일과는 달리 공휴일이 아닙니다. 2008년 이후 제헌절은 국경일의 지위는 유지하지만 공휴일에서는 제외되었습니다.

---

**1** 다음 빈칸에 들어갈 알맞은 말을 쓰세요.

(          )은/는 대한민국 헌법 공포를 기념하는 국경일이다.

**2** 제헌절에 대한 설명으로 알맞은 것에는 ○표, 알맞지 <u>않은</u> 것에는 ×표 하세요.

(1) 우리나라 5대 국경일 중 하나이다.                                      (          )
(2) 국경일이기는 하지만 공휴일은 아니다.                                (          )
(3) 대한민국 헌법이 실제로 만들어진 날이다.                            (          )
(4) 조선 왕조 건국일에 맞춰 7월 17일로 정하였다.                      (          )

우리나라 최고법인 헌법은 국민의 자유와 권리, 인간다운 생활을 보장하기 위해 만들어진 법입니다. 그래서 국가 기관의 조직 및 운영과 나라를 운영하는 데 필요한 가장 기본적이고 중요한 내용을 담고 있습니다. 헌법의 주요 조항을 살펴보면 대한민국의 주요 ❶이념과 원리를 알 수 있습니다.

헌법 제1조 2항은 '대한민국의 주권은 국민에게 있고, 모든 권력은 국민으로부터 나온다.'입니다. 이는 우리나라의 주인은 국민이며, 국가의 일을 결정할 수 있는 힘이 국민에게 있다는 뜻으로, 우리나라가 ❷민주 공화국임을 나타냅니다. 제3조는 '대한민국의 영토는 한반도와 그 부속 도서로 한다.'로, 우리나라의 영토를 법으로 명시하고 있습니다. 제4조는 '대한민국은 통일을 지향하며, 자유민주적 기본 질서에 ❸입각한 평화적 통일 정책을 수립하고 이를 추진한다.'입니다. 이는 대한민국의 통일 정책을 명시하여, 평화적인 방법으로 통일하기 위해 노력한다는 이념을 드러내고 있습니다.

또한 헌법에는 국민의 기본권을 보장하는 조항들이 있습니다. 제10조인 '모든 국민은 인간으로서의 존엄과 가치를 가지며, 행복을 추구할 권리를 가진다.'에서는 행복 추구권을, 제11조 1항인 '모든 국민은 법 앞에 평등하다.'에서는 평등권을 보장하고 있습니다. 또한 제14조 '모든 국민은 거주·이전의 자유를 가진다.'와 제15조 '모든 국민은 직업 선택의 자유를 가진다.' 등을 통해 자유권을 보장하고 있습니다. 이 밖에도 국가의 정치 의사 형성 과정에 참여할 수 있는 참정권, 기본권이 침해되었을 때 국가에 요구할 수 있는 청구권, 균등한 교육을 받고 쾌적한 환경에 사는 등 최소한의 인간다운 삶을 보호하는 사회권 등과 관련된 조항이 있습니다.

헌법은 국민의 권리와 함께 지켜야 하는 의무도 정해 놓고 있습니다. 제31조 2항의 '모든 국민은 그 보호하는 자녀에게 적어도 초등 교육과 법률이 정하는 교육을 받게 할 의무를 진다.'는 자녀가 잘 성장할 수 있도록 교육을 받게 하는 교육의 의무를 나타내고, 제32조 2항의 '모든 국민은 근로의 의무를 진다.'는 개인과 나라의 발전을 위해 일을 해야 하는 근로의 의무를 나타냅니다. 이밖에도 국가에 세금을 내야 하는 ❹납세의 의무, 모두의 안전을 위해 나라를 지켜야 하는 국방의 의무, 환경을 보전하기 위해 노력해야 하는 환경 보전의 의무 등과 관련된 조항이 있습니다.

우리는 태어나는 순간부터 헌법의 테두리 안에서 살게 됩니다. 학교를 다니며 교육을 받는 것, 원하는 일을 할 수 있는 것 등 일상생활의 많은 부분이 헌법에서 보장하는 권리 또는 의무입니다. 따라서 모든 국민이 존중받고 행복한 삶을 살기 위해서는 국가가 국민의 자유와 권리를 잘 보장해야 하고, 국민 또한 ㉠ 헌법에 명시된 책임을 다하는 자세가 필요합니다.

--------------------------------

❶ **이념**: 한 사회나 개인의 생각을 지배하는, 중심이 되고 기본이 되는 사상.

❷ **민주 공화국**: 주권이 국민에게 있고 주권의 운용이 국민의 의사에 따라 이루어지는 나라.

❸ **입각하다**: 어떤 사실이나 주장 등에 근거를 두어 그 입장에 서다.

❹ **납세**: 세금을 냄.

**1** 이 글을 다음과 같이 정리했을 때 빈칸에 들어갈 알맞은 말을 쓰세요.

> 우리나라 최고법인 (                    )에는 나라를 운영하는 데 필요한 가장 기본적
> 이고 중요한 내용이 담겨 있다.

**2** 다음 중 헌법에서 확인할 수 <u>없는</u> 내용은 어느 것인가요?　　　　　　　(        )

① 대한민국의 주권자
② 대한민국의 통일 정책
③ 국민의 권리와 관련된 조항
④ 국민이 지켜야 하는 의무의 종류
⑤ 대한민국의 영토에 속한 섬의 개수

**3** 헌법의 내용에 대한 설명으로 알맞지 <u>않은</u> 것은 어느 것인가요?　　　　　(        )

① 대한민국은 평화적 통일을 추구한다.
② 헌법을 통해 국민의 기본권을 보장한다.
③ 헌법을 통해 국가의 영토 범위를 명시하고 있다.
④ 헌법에는 국가 기관의 조직과 운영이 규정되어 있다.
⑤ 헌법은 국민의 권리를 계층별로 다르게 규정하고 있다.

**4** 다음 헌법 조항의 의미를 <u>잘못</u> 이해한 것은 어느 것인가요?　　　　　　(        )

> 제1조 ②　대한민국의 주권은 국민에게 있고, 모든 권력은 국민으로부터 나온다.

① 국가의 주인은 국민이다.
② 대한민국은 민주 공화국이다.
③ 국가를 다스리는 힘은 국민이 가진다.
④ 국가의 일을 결정할 수 있는 힘이 국민에게 있다.
⑤ 대한민국은 군주가 헌법에서 정한 권력으로 나라를 다스린다.

**5** 다음은 헌법 조항의 일부입니다. ㉮~㉲와 관련된 국민의 권리가 알맞지 <u>않은</u> 것은 어느 것인가요? ( )

| | | |
|---|---|---|
| 제11조 ① | 모든 국민은 법 앞에 평등하다. | ㉮ |
| 제14조 | 모든 국민은 거주·이전의 자유를 가진다. | ㉯ |
| 제24조 | 모든 국민은 법률이 정하는 바에 의하여 선거권을 가진다. | ㉰ |
| 제31조 ① | 모든 국민은 능력에 따라 균등하게 교육을 받을 권리를 가진다. | ㉱ |
| 제35조 ① | 모든 국민은 건강하고 쾌적한 환경에서 생활할 권리를 가지며, … | ㉲ |

① ㉮ - 평등권        ② ㉯ - 자유권        ③ ㉰ - 참정권
④ ㉱ - 사회권        ⑤ ㉲ - 청구권

**6** 헌법에 규정된 의무에 대해 바르게 이해한 사람은 누구인가요? ( )

① 누리: 납세의 의무에 따라 나라에 세금을 내야겠구나.
② 선우: 환경을 깨끗하게 하는 것은 국방의 의무에 해당하는구나.
③ 연주: 교육의 의무는 모두가 나라의 안전을 지켜야 한다는 것이구나.
④ 슬비: 자녀가 교육을 받을 수 있게 하는 것이 근로의 의무를 실천하는 일이구나.
⑤ 재윤: 환경 보전의 의무는 개인과 나라의 발전을 위해 성실하게 일하는 것이구나.

**7** ㉠에 해당하는 내용을 담은 단어 카드를 모두 골라 ○표 하세요.

| 국방 | 근로 | 납세 | 참정 | 청구 |
|---|---|---|---|---|
| ( ) | ( ) | ( ) | ( ) | ( ) |

**배경 +지식 넓히기**

**헌법의 구성 요소**

헌법은 전문, 본문 10장 130조, 부칙 6조로 구성되어 있습니다. 전문에서는 우리나라 헌법의 기본 정신을 선언하고 있고, 본문에는 우리나라가 어떤 국가인지에 대한 내용과, 국민의 권리와 의무, 국가의 일을 누가, 어떻게 맡아서 할 것인지, 헌법을 어떻게 바꿀 것인지 등에 대하여 명시하고 있습니다. 부칙은 헌법의 시행 기일 등의 보충 내용을 담고 있습니다.

하루 어휘

**1** 다음 밑줄 친 낱말의 뜻을 보기 에서 찾아 기호를 쓰세요.

> **보기**
> ㉠ 세금을 냄.
> ㉡ 어떤 사실이나 주장 등에 근거를 두어 그 입장에 섬.
> ㉢ 한 사회나 개인의 생각을 지배하는, 중심이 되고 기본이 되는 사상.

(1) 나는 국가에 납세의 의무를 다하고 있다. ( )
(2) 철저히 사실에 입각하여 사건을 수사하였다. ( )
(3) 그는 진실해야 한다는 이념으로써 나라를 다스렸다. ( )

**2** 다음 밑줄 친 낱말의 뜻이 같은 것을 선으로 이어 보세요.

(1) 나는 사람의 병을 고치는 의사가 되고 싶다. ·

(2) 우영이는 전교 어린이 회장 선거에 나갈 의사가 없다. ·

(3) 윤봉길 의사는 우리나라의 독립 의지를 널리 알렸다. ·

· ㉠ 삼 일 내로 네 의사를 밝혀 주길 바란다.

· ㉡ 영현이는 빨리 낫기 위해 의사의 지시를 충실히 따랐다.

· ㉢ 오늘 역사 수업 시간에는 안중근 의사의 의거에 대해 배웠다.

**3** 다음 뜻풀이를 보고, 문장에 들어갈 알맞은 낱말을 골라 ○표 하세요.

(1) 고모가 꽃집을 { 운반 / 운영 } 하다.
└ 조직이나 기구, 사업체 등을 운용하고 경영함.

(2) 지역 간 { 균등한 / 급등한 } 발전이 이루어져야 한다.
└ 고르고 가지런하여 차별이 없는

(3) 우리의 소중한 국토를 가꾸고 { 보급해야 / 보전해야 } 한다.
└ 온전하게 보호하여 유지해야

**7장**
## 학교 안팎에서 찾아볼 수 있는 법

**매체 독해** 다음 안내문을 보고, 물음에 답해 봅시다.

---

**1** '스쿨 존'에 대해 바르게 이해한 사람의 이름을 모두 쓰세요.

> • 유정: 어린이들을 교통사고의 위험에서 보호하기 위해 설정했구나.
> • 태호: 어린이 시설의 정문을 중심으로 반경 300 m 이내에 지정하는구나.
> • 율희: 초등학교 근처에 생기고, 유치원은 스쿨 존 기준에서 제외되는구나.

(            )

**2** '스쿨 존'에서 지켜야 할 안전 수칙으로 알맞은 것에는 ○표, 알맞지 <u>않은</u> 것에는 ×표 하세요.

(1) 교통 신호를 반드시 준수해야 한다. (     )

(2) 자동차는 50 km/h 이하의 속도로 주행해야 한다. (     )

(3) 어린이의 시야를 막지 않기 위해 정차만 허가하고 주차는 금지한다. (     )

길을 걷다 보면 자전거를 타고 있는 어린이나 어른을 쉽게 볼 수 있습니다. 그런데 자전거가 법률상으로는 '차'로 취급된다는 것을 알고 있나요? 자전거는 '차'이기 때문에 사람이 다니는 길인 인도에서는 탈 수 없습니다. 만약 이를 어기고 자전거를 타다가 사고가 나면 '도로교통법'에 따라 처벌을 받게 됩니다. 이처럼 우리 생활의 사소한 부분에도 항상 법이 영향을 미치고 있습니다. 학생들이 생활 주변에서 만나 볼 수 있는 학교 안팎의 법에는 어떤 것들이 있을까요?

학생들은 점심시간에 학교에서 급식을 먹습니다. 그런데 우리가 학교에서 먹는 이 급식도 법과 관련되어 있습니다. 학교 급식은 성장기의 어린이들이 섭취하는 음식이므로 '학교급식법'을 통해 엄격하게 관리하고 있습니다. 이 법은 학교 급식의 질을 향상시키고, 이를 통해 학생의 ❶심신을 건전하게 발달시키며, 나아가 국민의 식생활 개선에 기여하기 위해 만든 법입니다. 또한 학교의 보건과 위생을 ❷도모하기 위해 만든 법도 있는데 이를 '학교보건법'이라고 합니다. 학교보건법의 내용으로는 보건실 설치와 교내 위생 관리 등이 있습니다. 매년 학생 및 교직원의 신체검사를 실시하여 질병의 치료 및 예방에 필요한 조치를 해야 하는 것도 포함됩니다.

학교생활과 관련된 법도 있습니다. 학교 폭력은 학교 안팎에서 일어나는, 학생의 몸과 마음을 상하게 하는 모든 신체적·정신적 폭력을 말합니다. 이를 막기 위해 '학교폭력예방 및 대책에 관한 법률'을 만들었습니다. 이 법의 목적은 학생의 인권을 보호하고 학생을 ❸건전한 사회 구성원으로 키우는 것으로, 이 법에 따라 피해 학생을 보호하고, 가해 학생은 ❹징계를 받게 됩니다.

학교 안에서뿐만 아니라 학교 밖의 곳곳에서도 법이 적용되는 공간이 있습니다. 동네에 있는 어린이 놀이 시설도 어린이들이 안전하고 편안하게 놀이 기구를 사용할 수 있도록 '어린이놀이시설 안전관리법'에 따라 관리되고 있습니다. 이 법은 놀이 기구의 설치, 안전 점검 등을 규정함으로써 어린이들이 사고를 당하지 않고 안전하게 놀 수 있도록 하고 있습니다.

또 초등학교 근처에는 어린이에게 좋지 않은 영향을 주는 ❺유해 시설을 세울 수 없다는 '교육환경보호에 관한 법률'이 있습니다. 이 법에서는 학생들의 안전과 교육 환경을 보호하기 위해 학교의 출입문부터 200 m에 이르는 지역에는 담배 자동 판매기나 유흥주점과 같은 시설들을 세울 수 없게 하고 있습니다. 이처럼 일상생활 곳곳에 어린이의 안전과 올바른 성장을 위한 법이 함께하고 있습니다. 법이 있기 때문에 안심하고 살 수 있으며, 권리를 보호받을 수 있음을 알아야 합니다.

---

❶ **심신**: 마음과 몸을 아울러 이르는 말.
❷ **도모하다**: 어떤 일을 이루기 위하여 대책과 방법을 세우다.
❸ **건전하다**: 마음이나 태도 등이 잘못된 데가 없이 바르고 온전하다.
❹ **징계**: 부당한 행동을 되풀이하지 못하도록 벌을 주는 것.
❺ **유해**: 해로움이 있음.

**1** 이 글의 제목으로 알맞은 것은 어느 것인가요? ( )

① 가정에서 지켜야 하는 법
② 교통안전과 관련 있는 법
③ 경제생활에 영향을 주는 법
④ 학생의 일상생활과 관련된 법
⑤ 국민의 식생활 개선에 기여하는 법

**2** 이 글의 내용과 맞지 <u>않는</u> 것은 어느 것인가요? ( )

① 자전거는 '차'이므로 인도에서 탈 수 없다.
② 학교 내의 급식이나 보건과 관련된 법이 있다.
③ 학교 바깥에도 어린이를 위한 법들이 만들어져 있다.
④ 어린이의 안전과 올바른 성장을 위해 다양한 법들이 규정되어 있다.
⑤ 초등학교 근처에 세울 수 있는 유해 시설의 종류를 정해 놓은 법이 있다.

**3** 다음에서 설명하는 법의 이름을 이 글에서 찾아 쓰세요.

> 학교의 보건과 위생을 도모하기 위해 만든 법으로, 학교 내 보건실 설치, 매년 학생 및 교직원의 신체검사 실시 등의 내용을 담고 있다.

( )

**4** 학교 폭력에 대한 설명으로 알맞은 것은 어느 것인가요? ( )

① 학교 안에서 일어난 폭력만을 말한다.
② 학생이 받은 신체적인 폭력만을 의미한다.
③ 학교 폭력 가해자는 법에서 정해진 징계를 받게 될 수 있다.
④ '학교폭력예방 및 대책에 관한 법률'은 가해 학생을 보호하기 위한 법이다.
⑤ 학생의 약점을 잡아 놀리는 정신적인 괴롭힘은 학교 폭력에 해당하지 않는다.

**5** 다음 상황에 확인해야 할 법으로 알맞은 것에는 ○표, 알맞지 <u>않은</u> 것에는 ×표 하세요.

(1)
새로 지은 초등학교 내에 급식을 실시할 때

✅ 학교급식법

(       )

(2)
동네 공원에 어린이 놀이 시설을 설치하려 할 때

✅ 도로교통법

(       )

(3)
초등학교 근처 건물에서 상점을 개업하려고 할 때

✅ 교육환경 보호에 관한 법률

(       )

**6** 다음 상황에 적용할 수 있는 법으로 알맞은 것은 어느 것인가요? (       )

김어른 씨는 초등학교 근처에 있는 상가에서 유흥주점이 운영되고 있는 것을 보았다. 유흥주점이 학생에게 좋지 않은 영향을 줄 것이라고 판단한 김어른 씨는 교육청에 이를 알리려고 한다.

① 학교급식법
② 학교보건법
③ 도로교통법
④ 교육환경 보호에 관한 법률
⑤ 어린이놀이시설 안전관리법

**7** 이 글을 읽고 떠올릴 수 있는 궁금증으로 알맞지 <u>않은</u> 것은 어느 것인가요? (       )

① 어린이의 안전을 위해 규정된 법은 또 무엇이 있을까?
② 학교가 끝나고 가는 학원에 영향을 주는 법이 있을까?
③ 어린이 놀이터를 관리하기 위한 법이 없는 까닭은 무엇일까?
④ 학교 근처에 세울 수 없는 시설들에는 또 어떤 것들이 있을까?
⑤ 학교 급식의 위생 상태가 불량할 때는 어떤 책임을 지게 될까?

**가정에서 아동을 보호하는 법**

학교뿐만 아니라 가정에서도 아동을 보호하기 위한 법이 있습니다. '아동복지법'에서는 18세 미만을 아동으로 규정하고, 아동 학대에 대해 다루고 있습니다. 아동 학대는 보호자가 아동의 건강과 복지를 해치거나 가혹 행위를 하고, 아동을 유기하거나 방임하는 것을 말합니다. 우리나라에서는 '아동학대범죄의 처벌 등에 관한 특례법'을 통해 아동 학대 범죄를 가중 처벌하고 있습니다.

**1** 다음 밑줄 친 낱말의 뜻으로 알맞은 것을 선으로 이어 보세요.

(1) 아침 산책을 하니 <u>심신</u>이 상쾌해지는 것 같다. •

(2) 보건용 마스크는 <u>유해</u> 물질 차단에 효과가 있다. •

(3) 그 선수는 금지 약물을 복용하여 <u>징계</u>를 받았다. •

• ㉠ 해로움이 있음.

• ㉡ 마음과 몸을 아울러 이르는 말.

• ㉢ 부당한 행동을 되풀이하지 못하도록 벌을 주는 것.

**2** 다음 문장에 들어갈 알맞은 낱말을 골라 ○표 하세요.

(1) 그녀는 생활 태도가 ( 건장하다 / 건전하다 ).
그는 체격이 다른 사람에 비해 월등히 ( 건장하다 / 건전하다 ).

(2) 목표 점수를 ( 섭취해야 / 성취해야 ) 다음 단계로 진급할 수 있다.
건강을 위해 여러 가지 식품을 골고루 ( 섭취해야 / 성취해야 ) 한다.

(3) 우리는 내년에 다시 만날 것을 ( 기약한 / 기여한 ) 채 헤어졌다.
오늘의 승리에 ( 기약한 / 기여한 ) 10번 선수에게 박수를 보내 주세요.

**3** 다음 문장에서 '상하다'가 어떤 뜻으로 사용되었는지 번호를 쓰세요.

상하다 ── ① 음식이 변하거나 썩어서 먹을 수 없게 되다.
② 몸을 다쳐 상처를 입다.
③ 근심, 슬픔, 노여움 등으로 마음이 언짢아지다.

(1) 유준이는 친구의 농담에 마음이 <u>상했</u>다. ( )

(2) 아인이는 자전거를 타다 넘어져서 무릎이 <u>상했</u>다. ( )

(3) 어제 사 온 김밥을 깜빡 잊고 냉장고에 넣어 두지 않았더니 <u>상했</u>다. ( )

신나는 퍼즐 퍼즐

**주제5 일상생활과 법**

끝말잇기 놀이를 하며, 주제5에서 공부한 용어의 뜻을 다시 한번 떠올려 봐요.

출발 ➡

아래로! ⤵

❶  ❷  ❸ 사  ❹

성공!

역

❺

**힌트**

❶ 범죄의 혐의가 있어서 정식으로 사건이 성립되었으나, 아직 공소 제기가 되지 않은 사람.

❷ 형을 받는 사람을 일정한 곳에 가두어 신체적 자유를 빼앗는 형벌. **예** □□□에는 징역, 금고, 구류가 있다.

❸ 사회 질서를 어지럽히고 다른 사람의 권리를 침해하는 범죄와 관련된 재판.

❹ 대법원을 제외한 각급 법원의 법관으로, 재판에서 판결을 내림.

❺ 사법적인 영역인 개인 간의 관계에 국가가 개입하는 법. **예** 모든 국민의 인간다운 생활 보장이 □□□의 목적이다.

❻ 국가의 강제력을 수반하는 사회 규범. **비슷** 법

❼ 법령, 규칙, 처분 등이 헌법의 조항이나 정신에 위배되는 일.

❽ 법령이 헌법에 위배되는지 여부를 일정한 소송 절차에 따라 심판하기 위하여 설치한 특별 재판소.

❾ 공법의 종류 중, 재판의 절차를 규정하는 법규를 이르는 말.

❿ 법원이 절차에 따라 송사를 심사하고 판결하는 곳. **비슷** 재판정

⓫ 진리에 맞는 올바른 도리. **예** □□롭고 질서 있는 사회 유지

⓬ 사람으로서 마땅히 하여야 할 일. **예** 납세의 □□를 지다.

⓭ 기간을 정하지 않고 평생 동안 교도소 안에 가두어 의무적인 작업을 시키는 형벌.

❻

⓭

점프!

⓬ 의

❼

⓫  ❿ 송  ❾  ❽ 재

위로! ⬆

옆으로! ⬋

# 하루한장 앱은 이렇게 활용해요!

하루와 함께 잡는
바른 공부 습관

## ① 하루한장 앱 설치

먼저 교재 표지의 QR 코드를
찍어 하루한장 앱을 설치해요.

## ② 하루한장 앱 실행

교재를 등록한 후, 매일매일 학습을 끝내고
스마트폰으로 하루한장 앱을 열어요.

## ③ QR 코드 스캔

교재의 정답 확인
QR 코드를 찍어요.

## ④ 학습 인증

학습 완료를 인증하고
하루템을 모아요.

하루템을 모두 모아 골든티켓이 생기면
하루랜드에서 선물로 교환할 수 있어요.

# 비문학 독해

## 사회편 **5** 단계 (5, 6학년)

# 바른답·알찬풀이

Mirae **N** 에듀

바른답·
알찬풀이

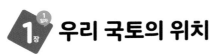

## 1장 우리 국토의 위치

### 매체 독해
● 9쪽

**★ 어떤 매체 자료일까요?**
우리 국토의 위치에 대해 검색한 결과입니다. 지도와 함께 우리 국토의 위치 특성을 살펴볼 수 있습니다.

**1** (1) ✕ (2) ○ (3) ○ (4) ✕
**2** ②

**1** (1) 우리나라는 적도의 북쪽에 있습니다. (4) 지도를 보면 황해는 우리나라와 중국 사이에 있습니다.

**2** 제시된 지도를 보면 우리나라 주변에는 몽골, 중국, 일본, 러시아 등의 나라가 있음을 알 수 있습니다.

### 글 독해
● 10~12쪽

**★ 어떤 글일까요?**
한 국가의 위치가 갖는 중요성을 설명하고, 국토의 위치를 표현하는 세 가지 방법에 따라 우리 국토의 위치를 살펴본 글입니다.

**★ 문단 요약**

| 1문단 | 국가의 위치가 갖는 중요성 |
|---|---|
| 2문단 | 국토의 위치를 표현하는 세 가지 방법 |
| 3문단 | 우리 국토의 수리적 위치 |
| 4문단 | 우리 국토의 지리적 위치 |
| 5문단 | 우리 국토의 관계적 위치 |

**1** 위치　**2** ④　**3** ⑤　**4** ③
**5** ( ○ )(　)( ○ )(　)( ○ )
**6** ①　**7** ②

**1** 이 글에서는 국토의 위치를 표현하는 세 가지 방법에 따라 우리 국토의 위치를 살펴보았습니다.

**2** 이 글은 우리 국토의 위치를 수리적·지리적·관계적 위치로 구분하여 자세히 설명하였습니다.

**3** ①, ③은 1문단에서, ②는 3~5문단에서, ④는 2문단에서 설명하였습니다. 위치는 국가의 자연환경에 영향을 준다고 하였지만, 위치의 영향을 받아 나타난 자연환경의 특징은 설명하지 않았습니다.

**4** 4문단에서 반도 국가는 대륙과 해양으로 진출하기에 유리하다고 하였습니다.

**5** 위치를 표현하는 방법으로 수리적 위치, 지리적 위치, 관계적 위치가 있음을 설명하였습니다.

**6** 우리나라는 유라시아 대륙 동쪽에 있으면서 태평양을 향해 뻗어 있는 반도 국가여서 대륙과 해양의 양방향으로 진출하기에 유리한 위치에 있습니다.

**7** 관계적 위치는 주변 국가와의 관계에 따라 수시로 변할 수 있어 상대적이고 가변적인 특징을 지닌다고 하였습니다. ①은 수리적 위치, ③은 수리적·지리적 위치, ④는 수리적 위치, ⑤는 지리적 위치의 특징입니다.

### 하루 어휘
● 13쪽

**1** (1) 가변적 (2) 절대적 (3) 상대적
**2** (1) 설계하다 (2) 발돋움하다
　　(3) 파악하다 (4) 유리하다
**3** (1) ① (2) ① (3) ② (4) ②

**3** '차지하다'가 ①의 뜻으로 쓰일 때에는 문장의 내용에 따라 '소유하다, 점령하다, 가지다, 맡다' 등과 바꾸어 쓸 수 있고, ②의 뜻으로 쓰일 때에는 '구성하다, 이루다' 등과 바꾸어 쓸 수 있습니다.

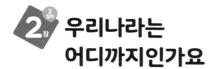

## 2장 우리나라는 어디까지인가요

• 14쪽

### 매체 독해

**★ 어떤 매체 자료일까요?**

우리 국토의 최남단 섬인 마라도의 관광 안내도입니다. 마라도의 위치와 주요 장소, 특징 등을 소개하고 있습니다.

**1** ①
**2** 누리

**1** 마라도는 우리 국토의 최남단으로 제주도의 남쪽에 있습니다. 따라서 북한과는 가장 멀고, 가파도보다 제주도에서 더 멀리 있습니다.

**2** 마라도의 해안은 기암절벽이 펼쳐져 있다고 하였으며, 안내도에서 해수욕장도 찾아볼 수 없습니다.

### 글 독해

• 15~17쪽

**★ 어떤 글일까요?**

영역의 의미와 구성 요소를 살펴보고, 우리나라의 영토, 영해, 영공은 어디까지인지 설명한 글입니다.

**★ 문단 요약**

| | |
|---|---|
| 1문단 | 영역의 의미 |
| 2문단 | 우리나라의 영토 |
| 3문단 | 우리나라의 영해 |
| 4문단 | 배타적 경제 수역 |
| 5문단 | 우리나라의 영공 |

**1** 영토, 영해, 영공  **2** ③
**3** ㉠ - 영공, ㉡ - 영토, ㉢ - 영해,
  ㉣ - 배타적 경제 수역
**4** ④  **5** 10만, 12, 통상, 수직
**6** ③  **7** ①

**1** 한 나라의 영역은 영토, 영해, 영공으로 이루어진다고 하였습니다.

**2** 2문단에서 우리나라의 총면적은 약 22.3만 km²이며, 남한만의 면적은 약 10만 km²라고 했으므로, 북한의 국토 면적이 남한보다 넓다는 것을 알 수 있습니다.

**3** ㉠은 하늘이므로 영공, ㉡은 땅이므로 영토를 나타냅니다. 바다의 경우 기선으로부터 12해리까지인 ㉢이 영해, 200해리까지에서 영해를 제외한 ㉣이 배타적 경제 수역입니다.

**4** 3문단을 보면 우리나라 영해의 범위는 해안에 따라 다르게 적용되고 있음을 알 수 있습니다. 남해안은 직선 기선에서 12해리까지가 영해라고 하였고, 3해리까지만 설정된 곳은 대한 해협입니다.

**5** 우리나라 영토의 범위는 2문단에서, 영해는 3문단에서, 영공은 5문단에서 확인할 수 있습니다.

**6** 우리나라의 영해는 우리나라의 주권이 미치는 해역(바다 위의 일정한 구역)이므로, 중국 어선이 어업 활동을 하는 것은 우리 영역을 침범한 것입니다.

**7** ② 영공은 항공 교통과 우주 산업이 발달하면서 중요해지고 있습니다. ③ 영해는 그냥 지나가는 것이라도 허가 없이 들어갈 수 없습니다. ④ 우리나라 국민은 우리의 영역 안에서 자유롭게 다닐 수 있습니다. ⑤ 배타적 경제 수역 안의 천연자원은 인접 국가만이 개발할 수 있습니다.

### 하루 어휘

• 18쪽

**1** (1) ㉠ (2) ㉢ (3) ㉡
**2** (1) 허가한 (2) 침범한 (3) 통과하는
**3** (1) 밀물 : 썰물 (2) 존재하다 : 실존하다

**3** (1) '인접 : 근접'은 서로 비슷한 뜻을 가지고, '밀물 : 썰물'은 서로 반대의 뜻을 가집니다.
(2) '넓히다 : 좁히다'는 서로 반대의 뜻을 가지고, '존재하다 : 실존하다'는 서로 비슷한 뜻을 가집니다.

**한반도에 있는 특별한 곳**

## 매체 독해
● 19쪽

**★ 어떤 매체 자료일까요?**

비무장 지대(DMZ)에 서식하는 동식물의 사진전 개최 소식을 전하는 안내문입니다. 비무장 지대의 생태적 가치를 알 수 있습니다.

**1** ( ○ )( ○ )(　　)
**2** ①

**1** 비무장 지대는 6·25 전쟁 이후 휴전하면서 설정된 지역으로, 휴전선으로부터 남북으로 각각 2 km에 이르는, 총 4 km의 폭에 해당하는 곳입니다.

**2** 비무장 지대는 멸종 위기 101종을 포함한 다양하고 희귀한 생물들이 터를 잡은 곳이어서 가치가 높습니다.

## 글 독해
● 20~22쪽

**★ 어떤 글일까요?**

비무장 지대에 대해 설명한 글입니다. 비무장 지대의 설정 배경과 공간 구성을 알아보고, 비무장 지대 내의 규정과 중요성, 가치에 대해 살펴봅니다.

**★ 문단 요약**

| | |
|---|---|
| 1문단 | 비무장 지대의 설정 배경 |
| 2문단 | 비무장 지대의 공간 구성 |
| 3문단 | 비무장 지대 내의 규정과 비무장 지대의 중요성 |
| 4문단 | 비무장 지대의 가치 |

**1** 비무장 지대(DMZ)　　**2** ⑤
**3** ⑤　　**4** ④　　**5** ⑤
**6** ③　　**7** ○○□

**1** 이 글은 비무장 지대가 설정된 배경과 비무장 지대 내에서의 규정, 비무장 지대의 중요성과 생태적 가치 등에 대하여 설명하였습니다.

**2** ①, ②는 1문단에서, ③은 2문단에서 확인할 수 있으며, ④는 4문단에서 설명하였습니다. ⑤ 비무장 지대에 들어가는 절차에 대한 내용은 나와 있지 않습니다.

**3** 생태적 우수성과 평화의 상징성 등을 바탕으로 세계적인 생태·평화의 공간으로 거듭나고 있다고 하였지만, 세계적인 관광지로 이용되고 있지는 않습니다.

**4** 비무장 지대 남쪽에는 민간인의 출입을 제한하는 민간인 통제 구역이 있다고 하였습니다.

**5** 3문단에서 군인과 민간인 모두 허가 없이는 군사 분계선을 넘을 수 없다고 설명한 것으로 보아, 허가를 받은 경우 군사 분계선을 넘을 수 있음을 알 수 있습니다.

**6** 비무장 지대는 오랜 세월 동안 사람의 발길이 닿지 않았기 때문에 자연 생태계가 매우 잘 보전되어 있다는 점에서 가치 있음을 보여 주는 자료입니다.

**7** 비무장 지대에 대한 글을 읽은 후 이와 관련하여 더 알고 싶은 내용에 대한 자료를 찾으면 주제에 대하여 더욱 깊이 있게 이해할 수 있습니다. 6·25 전쟁의 원인과 참전국을 살피는 것은 비무장 지대라는 주제와는 거리가 멉니다.

**하루 어휘**
● 23쪽

**1** (1) ⓛ (2) ⓒ (3) ㉠
**2** (1) 희귀 / 회귀 (2) 완충 / 고충 (3) 임종 / 멸종
**3** (1) ① (2) ② (3) ① (4) ②

**2** (1) '희귀하다'의 뜻은 '드물어서 특이하거나 매우 귀하다.'이고, '회귀하다'의 뜻은 '한 바퀴 돌아 제자리로 돌아오거나 돌아가다.'입니다. (3) '멸종'의 뜻은 '생물의 한 종류가 아주 없어짐. 또는 생물의 한 종류를 아주 없애 버림.'이고, '임종'의 뜻은 '죽음을 맞이함.'입니다.

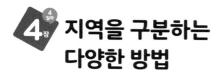

# 4장 지역을 구분하는 다양한 방법

## 매체 독해
● 24쪽

### ★ 어떤 매체 자료일까요?
전국의 날씨 소식을 전한 일기 예보입니다. 다양한 지역 구분을 확인할 수 있습니다.

**1** ③
**2** ⑤

**1** 일기 예보에서 북쪽에서 찬 공기가 유입되면서 강원 영동 지방에 눈이 내릴 것이라고 했으므로 강원도임을 알 수 있습니다.

**2** 수도권에서 밤 사이 내리던 비가 눈으로 바뀔 수 있다고 하였습니다.

## 글 독해
● 25~27쪽

### ★ 어떤 글일까요?
우리나라는 전통적인 지역 구분과 행정적 측면의 지역 구분을 복합적으로 고려하여 지역을 구분하고 있음을 설명한 글입니다.

### ★ 문단 요약
| 1문단 | 지역의 의미와 지역 구분 |
| 2문단 | 우리나라의 전통적 지역 구분 |
| 3문단 | 우리나라의 행정적 지역 구분 |
| 4문단 | 현재의 지역 구분 |

**1** ①     **2** ④     **3** ③
**4** ①     **5** 멸악, 금강
**6** ㉠ - 강원도, ㉡ - 충청도, ㉢ - 전라도,
     ㉣ - 경상도
**7** (1) ✕ (2) ○ (3) ✕ (2) ○

**1** 우리나라의 지역 구분 방법을 전통적 지역 구분과 행정적 지역 구분으로 나누어 설명한 글입니다.

**2** 이 글은 지역 구분 방법을 전통적·행정적 지역 구분에 따라 나누어 설명하였습니다.

**3** 2문단에서 우리나라는 전통적으로 큰 산맥이나 하천, 고개와 같은 지형을 기준으로 지역을 구분하였다고 하였습니다.

**4** ① 하천이나 고개와 같은 지형에 따라 구분한 것은 전통적 지역 구분 방식입니다.

**5** 북부 지방은 멸악산맥의 북쪽 지역이며, 중부 지방과 남부 지방은 금강 하류와 소백산맥을 잇는 선을 기준으로 나뉩니다.

**6** 3문단에서 도의 명칭을 정한 규칙을 설명하였습니다.

**7** (1) 소백산맥이 가장 큰 산맥인지는 확인할 수 없습니다. (3) 전통적 지역 구분에 따라 지역을 나눈 명칭입니다.

## 하루 어휘
● 28쪽

**1** (1) ㉢ (2) ㉡ (3) ㉣ (4) ㉠
**2** (1) 헤아리다 (2) 시작된
**3** (1) ① (2) ① (3) ②

**2** '고려하다'는 '생각하고 헤아려 보다.'라는 뜻이고, '비롯하다'는 '어떤 사물이 처음 생기거나 시작하다.'라는 뜻입니다.

## 신나는 퍼즐 퍼즐
● 29쪽

|   |   |   |   |   |   | 영 | 토 |
|---|---|---|---|---|---|---|---|
| 배 | 타 | 적 | 경 | 제 | 수 | 역 |   |
|   |   |   | 도 |   | 리 |   |   |
| 일 |   | 직 |   |   | 적 |   |   |
| 본 | 초 | 자 | 오 | 선 |   | 위 | 도 |
|   |   |   | 기 |   |   | 치 | 어 |
|   | 휴 | 전 | 선 |   |   |   | 업 |
|   |   | 라 |   |   | 대 | 한 | 해 | 협 |
| 마 | 라 | 도 |   |   |   |   | 정 |

### 가로 열쇠
❶ 한 나라의 주권이 미치는 땅의 범위. 예 간척 사업으로 □□를 확장하다.
❷ 영해 기준선부터 200해리까지의 바다에서 영해를 제외한 수역.
❸ 적도를 기준으로 남북의 위치를 나타내는 것.
❼ 영국의 그리니치 천문대를 지나는 경도의 기준이 되는 선.
❽ 6·25 전쟁의 휴전으로 한반도의 가운데를 가로질러 설정된 군사 경계선. 예 38도선
⓫ 우리 국토의 최남단에 있는 타원형 모양의 섬.
⓬ 우리나라와 일본 사이에 있는 좁은 바다. 예 □□□□에서는 영해의 범위가 3해리까지이다.

### 세로 열쇠
❶ 한 나라의 주권이 미치는 범위로, 영토, 영해, 영공으로 이루어짐.
❸ 본초 자오선을 기준으로 동서의 위치를 나타내는 것.
❹ 위도와 경도를 사용하여 나타내는 위치.
❻ 대한 해협을 사이에 두고 우리나라와 마주하고 있는 나라.
❾ 영해 설정의 기준이 되는 선으로, 가장 바깥에 위치한 섬들을 직선으로 연결한 것.
❿ 전주와 나주의 이름을 따서 만든 행정 구역명.
⓫ 나라 사이의 협의에 따라 나라별, 어종별로 어획량 등을 결정하는 협정.

## 1장 동쪽이 높고 서쪽이 낮은 우리나라

### 매체 독해

● 31쪽

**★ 어떤 매체 자료일까요?**
한반도의 지형 분포를 나타낸 지도입니다. 산지, 평야, 하천의 분포를 확인할 수 있습니다.

**1** ②
**2** ③

**1** 황토색과 갈색으로 표시된 산지가 가장 넓게 분포하고 있음을 알 수 있습니다.

**2** 초록색으로 표시된 평야가 대부분 서쪽과 남쪽에 분포해 있음을 확인할 수 있습니다.

### 글 독해

● 32~34쪽

**★ 어떤 글일까요?**
한반도의 형성과 동고서저의 지형 특징을 설명하고, 산지, 하천과 평야, 해안 지형의 특징을 전반적으로 살펴본 글입니다.

**★ 문단 요약**

| 1문단 | 한반도의 형성과 동고서저 지형 |
| --- | --- |
| 2문단 | 우리나라 산지의 특징 |
| 3문단 | 우리나라 하천과 평야의 특징 |
| 4문단 | 우리나라 해안의 특징 |

**1** 지형    **2** ④    **3** ④
**4** ⑤    **5** (   ) (   ) ( ○ )
**6** ④    **7** ⑤    **8** 서준, 선하

**1** 한반도의 형성 과정을 설명하고 우리나라 지형의 특징을 살펴본 글입니다.

**2** 남북으로 길게 뻗어 있는 태백산맥을 경계로 동쪽으로는 경사가 급하고, 서쪽으로는 경사가 비교적 완만하다고 하였습니다.

**3** (라)에서 같은 공간의 과거와 현재를 비교하는 설명 방법은 사용되지 않았습니다.

**4** 산지는 (나), 하천과 평야는 (다), 해안은 (라)에서 설명하였습니다. ⑤ 화산 지형에 대한 내용은 확인할 수 없습니다.

**5** 동고서저는 동쪽은 높고 서쪽은 낮은 우리나라의 지형을 나타낸 말로, 동쪽은 높게 서쪽은 낮게 표현한 그림이 알맞습니다.

**6** 우리나라는 대부분의 하천이 동쪽에서 서쪽으로 흐르기 때문에 서쪽에 기름진 흙이 쌓여 농사짓기에 좋은 평야가 발달하였습니다.

**7** ⑤ (가)에서 한반도가 만들어진 이후 한반도의 동쪽과 북쪽에 높은 산이 솟아오르게 되었다고 하였으므로 한반도가 만들어진 이후 태백산맥이 형성되었다는 것을 알 수 있습니다.

**8** 태백산맥을 경계로 하여 서쪽, 즉 황해 쪽의 경사가 완만하다고 하였습니다. 산 정상에 있는 바위를 보려면 북한산이나 설악산에 가야 합니다. 지리산이나 오대산은 두터운 토양으로 덮인 흙산입니다.

### 하루 어휘

● 35쪽

**1** (1) ㉢ (2) ㉠ (3) ㉡
**2** (1) 풍부한 (2) 복잡할 (3) 분포해
**3** (1) ㉡ (2) ㉠ (3) ㉢

**2** (1) '진부하다'의 뜻은 '사상, 표현, 행동 따위가 낡아서 새롭지 못하다.'입니다. (2) '적막하다'의 뜻은 '고요하고 쓸쓸하다.'입니다. (3) '내포하다'의 뜻은 '어떤 성질이나 뜻 따위를 속에 품다.'입니다.

## 2장 <sup>6</sup><sub>일차</sub> 해안 생태계의 보고, 갯벌

• 36쪽

**★ 어떤 매체 자료일까요?**

우리나라의 해안선을 나타낸 지도입니다. 동해안, 서해안, 남해안의 모습을 비교해 볼 수 있습니다.

**1** ( ○ )( )( ○ )
**2** 미래, 솔이

**1** 지도를 보면 동해안의 해안선은 비교적 단조롭고, 서해안은 해안선의 드나듦이 복잡하며, 남해안에는 크고 작은 섬이 많습니다.

**2** 우리나라는 삼면이 바다로 둘러싸여 있고, 북쪽으로 대륙과 연결되어 있어서 해양과 대륙의 양방향으로 진출하기에 유리합니다.

**글 독해**

• 37~39쪽

**★ 어떤 글일까요?**

갯벌이 지닌 다양한 가치를 설명하고, 갯벌의 생태적 가치를 보존하기 위한 노력을 소개한 글입니다.

**★ 문단 요약**

| 1문단 | 갯벌이 발달한 우리나라 |
| 2문단 | 갯벌의 가치 ①: 생태계의 보고 |
| 3문단 | 갯벌의 가치 ②: 환경적 기능 |
| 4문단 | 갯벌의 가치 ③: 어민들의 삶의 터전 |
| 5문단 | 갯벌을 보전하기 위한 노력 |

**1** 갯벌 **2** ① **3** ④
**4** ② **5** ⑤ **6** ④
**7** (1) ○ (2) × (3) × (4) ○ **8** ①

**1** 갯벌의 가치를 다양한 측면에서 살펴보고, 갯벌을 보전하기 위한 노력이 이루어지고 있음을 설명한 글입니다.

**2** 갯벌의 다양한 가치를 설명한 뒤 갯벌을 보호할 것을 강조하고 있습니다.

**3** 우리나라의 서해안과 남해안은 밀물과 썰물의 차이가 커서 갯벌이 잘 발달하였다고 하였습니다.

**4** 갯벌은 홍수가 발생했을 때 빗물 등을 흡수하여 바다로 천천히 흘려보내는 완충지 역할을 하지만 비를 많이 내리게 하는 것은 아닙니다.

**5** 무분별한 간척 사업으로 갯벌이 줄어들었다고 설명하고 뒤에 '원래대로 회복함.'을 뜻하는 '복원'이라는 말이 온 것으로 보아 '훼손'된 갯벌을 다시 복원하고자 하는 노력이 이루어지고 있음을 알 수 있습니다.

**6** 관광 자원으로 활용되는 갯벌의 경제적 가치에 대해 설명하고 있으므로, (라)에 들어가는 것이 알맞습니다.

**7** (2) 현재까지 습지 보호 구역으로 지정된 우리나라 갯벌은 14곳이라고 하였습니다. (3) 순천만 갯벌은 기존 갯벌을 매립해 농경지와 주차장 등으로 이용하였지만 지금은 그것을 허물고 갈대밭과 갯벌로 복원하고 있다고 하였습니다.

**8** 마지막 문단에서 간척 사업 때문에 갯벌의 면적이 줄었다고 하였으므로 갯벌을 메워 간척지로 활용했음을 짐작할 수 있습니다.

**하루 어휘**

• 40쪽

**1** (1) 산란지 (2) 미생물 (3) 갑각류
**2** (1) 빨아들이다 (2) 부수고 (3) 사는
**3** (1) ○ (2) ○ (3) ○

**2** '흡수하다'는 '빨아서 거두어들이다.'라는 뜻이며, '허물다'는 '쌓이거나 짜이거나 지어져 있는 것을 헐어서 무너지게 하다.'라는 뜻이며, '서식하다'는 '생물 등이 일정한 곳에 자리를 잡고 살다.'라는 뜻입니다.

# 3장 기후가 변화하고 있어요

7일차

## 매체 독해

● 41쪽

### ★ 어떤 매체 자료일까요?

지구의 온도 상승으로 나타날 수 있는 변화를 제시한 포스터입니다. 지구 온도 상승을 막기 위해 모두가 노력해야 한다고 하였습니다.

1 ①
2 (　)( ○ )(　)

1 ① 히말라야에 있는 빙하가 소멸하는 것은 지구의 온도가 5℃ 올랐을 때 나타나는 변화입니다.

2 지구의 온도가 1℃ 상승할 때마다 나타날 수 있는 상황을 제시하고, 지구의 온도 상승을 막기 위해 모두 함께 노력해야 한다고 강조하고 있습니다.

## 글 독해

● 42~44쪽

### ★ 어떤 글일까요?

기후 변화와 이상 기후를 설명하고, 기후 변화가 나타나는 원인과 피해, 기후 변화를 막기 위한 노력을 살펴본 글입니다.

### ★ 문단 요약

| 1문단 | 기후 변화와 이상 기후의 의미와 원인 |
| 2문단 | 우리나라에서 나타나는 기후 변화와 이상 기후 |
| 3문단 | 지구 온난화의 의미와 발생 원인 |
| 4문단 | 기후 변화가 일으키는 피해 |
| 5문단 | 기후 변화를 막기 위한 노력 |

1 기후 변화　2 ⑤　　3 ②
4 ④　　　　5 ②　　6 ①
7 준혁, 유민

1 기후 변화와 이상 기후를 설명하고, 기후 변화의 원인과 그로 인한 피해를 설명한 글입니다.

2 온실가스의 감축 및 규제를 위해 국제 협약을 맺었다고 하였지만, 그 이름을 제시하지는 않았습니다.

3 ① 여름에 비가 내리는 기간이 길어지고 있다고 하였습니다. ④에서 겨울철 기간의 변화와 ⑤의 내용은 확인할 수 없습니다.

4 남쪽에서 재배되던 농작물을 점점 더 북쪽에서 재배할 수 있게 된 것을 보여 주는 지도입니다.

5 지구 온난화의 원인은 무분별한 벌채로 인한 삼림 파괴, 과도한 산업 활동에 의한 온실가스 등의 오염 물질 배출 증가라고 하였습니다. ⓒ, ⓒ은 지구 온난화의 원인이 아니라 결과입니다.

6 벼농사는 원래 넓은 평야 지역에서 발달하므로 ①은 기후 변화와 관련이 없는 자료입니다.

7 온실가스 배출을 줄이기 위해서는 에너지 사용을 줄이고 자가용 대신 자전거나 대중교통을 이용해야 합니다. 이 외에도 재활용을 생활화하기, 친환경 제품 사용하기, 에너지 효율이 높은 가전제품 사용하기 등이 있습니다.

## 하루 어휘

● 45쪽

1 (1) ⓒ (2) ㉠ (3) ⓒ
2 (1) 강렬하다 (2) 시달리다
　 (3) 치우치다 (4) 선언하다
3 (1) 폭염 (2) 폭설 (3) 폭우

2 (1) '강렬하다'의 뜻은 '강하고 세차다.'입니다. (2) '시달리다'의 뜻은 '괴로움이나 성가심을 당하다.'입니다. (3) '치우치다'의 뜻은 '균형을 잃고 한쪽으로 쏠리다.'입니다. (4) '선언하다'의 뜻은 '국가나 집단이 자기의 방침, 의견, 주장 등을 외부에 정식으로 표명하다.'입니다.

# 4장 우리에게 피해를 주는 자연재해

## 매체 독해
• 46쪽

### ★ 어떤 매체 자료일까요?
제주도의 지진 발생 소식을 전하며, 우리나라에서 발생한 지진에 대해 전달한 뉴스입니다.

**1** ④
**2** ( ○ )( )( ○ )

**1** ① 과거에는 지진 안전지대로 여겨졌습니다. ③ 지진이 발생한 원인은 설명하지 않았습니다.

**2** 지진으로 인한 피해, 지진과 관련된 우리나라의 위치를 보여 주는 화면은 뉴스 시청자들이 내용을 이해하는 데 도움을 줄 수 있으나 다른 자연재해를 겪은 사람과의 인터뷰는 주제에서 벗어난 자료입니다.

## 글 독해
• 47~49쪽

### ★ 어떤 글일까요?
자연재해의 의미, 발생 원인, 피해를 줄이기 위한 노력을 설명한 글입니다.

### ★ 문단 요약

| | |
|---|---|
| 1문단 | 자연재해의 의미와 종류 |
| 2문단 | 기후적 요인에 의한 자연재해 |
| 3문단 | 지형적 요인에 의한 자연재해 |
| 4문단 | 자연재해의 피해를 줄이기 위한 여러 가지 노력 |

**1** 자연재해  **2** ④  **3** ⑤
**4** ②  **5** ③  **6** ④
**7** ③

**1** 자연재해란 인간을 위협하는 자연 현상을 가리키는 말입니다.

**2** 자연재해가 나라별로 어떤 특징을 보이는지에 대해서는 설명하지 않았습니다.

**3** 오늘날 과학 기술이 발달하면서 이를 이용해 자연재해를 예측하고 대비하고 있지만, 자연재해를 완벽히 막아내기는 어렵습니다.

**4** ② 지진은 지형적 요인으로 발생하는 자연재해입니다.

**5** 열대 저기압은 강한 바람과 많은 비를 동반합니다. 화산 활동은 용암 분출로 피해를 주고, 화산재가 다른 지역까지 날아가 피해를 줍니다.

**6** 내진 설계, 통신망 구축 등을 통해 지진으로 인한 피해를 최소화한 칠레의 사례를 소개한 기사입니다.

**7** 자연재해가 발생한 뒤에 이를 복구하는 것보다 더욱 중요한 것은 자연재해를 예측하고 미리 대비하여 피해를 줄이는 것입니다.

## 하루 어휘
• 50쪽

**1** (1) 방파제 (2) 용수 (3) 내진 설계 (4) 화산재
**2** (1) 덮쳐 (2) 붕괴했다는 (3) 위협하는
**3** (1) ③ (2) ② (3) ④ (4) ①

## 신나는 퍼즐 퍼즐
• 51쪽

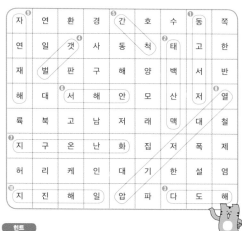

### 힌트
❶ 우리나라의 지형이 동쪽은 높고 서쪽은 낮은 특징을 보이는 것을 일컫는 말.
❷ 우리나라의 등줄기 산맥으로, 동해안에 치우쳐서 남북으로 길게 뻗어 있음.
❸ 전라남도와 대한 해협 사이에 있는, 섬이 많은 바다의 일정한 구역. 예 □□□ 해상 국립공원
❹ 바닷물이 들어오면 잠기고 바닷물이 빠지면 드러나는 넓은 벌판.
❺ 육지에 면한 바다나 호수의 일부를 둑으로 막고, 그 안의 물을 빼내어 육지로 만드는 일. 예 □□ 사업
❻ 우리나라의 서쪽에 있는 해안으로, 우리나라 전체 갯벌 면적의 약 83%가 분포함.
❼ 삼림 파괴, 온실가스 배출 증가 등으로 지구의 평균 기온이 상승하는 현상.
❽ 열대 지방의 해상에서 발생하는 저기압을 통틀어 이르는 말. 예 태풍
❾ 홍수, 태풍, 가뭄, 지진, 화산 폭발 등 인간을 위협하는 자연 현상.
❿ 지진 때문에 바다의 깊은 곳에서 지각 변동이 생겨서 일어나는 해일 비슷 쓰나미

##  인구가 줄어들고 있어요

### 매체 독해
● 53쪽

**★ 어떤 매체 자료일까요?**

우리나라의 저출산 현상을 보여 주는 그래프입니다. 합계 출산율이 꾸준히 줄어들어 오늘날에는 세계 평균에도 미치지 못하고 있습니다.

**1** ③
**2** (1) ○ (2) ○ (3) ✕

**1** 우리나라는 합계 출산율이 세계 평균보다 낮으며 1970년대 이후로 꾸준히 낮아지고 있습니다.

**2** (3) 자녀 양육은 가정에만 책임을 전가할 것이 아니라 국가에서 정책적으로 지원해야 합니다.

### 글 독해
● 54~56쪽

**★ 어떤 글일까요?**

오늘날 우리나라에서 나타나고 있는 저출산 현상의 원인과 영향을 설명하고, 해결 방법을 제안한 글입니다.

**★ 문단 요약**

| 1문단 | 현재 우리나라의 출산율 현황 |
| 2문단 | 1970년대까지의 출산율 |
| 3문단 | 오늘날 저출산 현상이 나타나는 원인 |
| 4문단 | 저출산이 미치는 영향 |
| 5문단 | 저출산을 극복하기 위한 노력 |

**1** 저출산　　**2** ④　　**3** ②
**4** ①　　**5** ⑤
**6** ・확대　→　・보육
　　・결혼　　　・육아 휴직
**7** ○○○□

**1** 우리나라에서 나타나고 있는 저출산의 원인과 영향을 설명하고 해결 방법을 제안한 글입니다.

**2** 우리나라에서 나타나고 있는 저출산에 대해 설명하고 이를 극복하기 위해 노력한다고 하였으나, 다른 나라의 극복 사례를 설명하지는 않았습니다.

**3** 우리나라의 합계 출산율은 1983년에는 2.06명이었으며, 2018년 이후 1.0명 아래로 떨어졌다고 하였습니다.

**4** 1970년대에는 인구가 급격하게 증가하는 것을 막기 위해 아이를 적게 낳도록 유도하는 정책을 추진했다고 하였습니다.

**5** 4문단에서 저출산이 사회에 미칠 영향을 설명하였습니다. 인구 감소로 인해 노동력이 줄어들고 소비 인구가 감소하여 기업의 경제 활동이 위축될 것이라고 하였습니다.

**6** 3문단에서 저출산의 원인을 설명하였고, 5문단에서 저출산을 극복할 수 있는 방안을 제시하였습니다.

**7** 경제가 발전하고 사회가 변화하면서 출생률이 낮아져 오늘날 저출산 현상이 지속되고 있음을 나타내는 부분입니다.

### 하루 어휘
● 57쪽

**1** (1) ○ (2) ○ (3) ○
**2** (1) 회사원　(2) 세계관
**3** (1) 이롭다, 해롭다　(2) 하락하다, 상승하다
　　(3) 급격하다, 완만하다

**2** (1) 구성원, 회사원의 '-원'은 '그 조직이나 단체 등을 이루고 있는 사람.'의 뜻을 더하는 말입니다. 식물원, 유치원의 '-원'은 '보육 또는 생육을 위한 시설.'의 뜻을 더하는 말입니다. (2) 가치관, 세계관의 '-관'은 '관점' 또는 '견해'를 뜻하는 말입니다.

**2장** **우리나라의 도시 발달**

● 58쪽

### 매체 독해

**★ 어떤 매체 자료일까요?**

농촌 체험 마을 5곳을 소개한 안내장입니다. 각각의 체험 마을에서 어떤 체험을 할 수 있는지 알 수 있습니다.

**1** ④
**2** (1) 수미 마을 (2) 파로호 느릅 마을
　(3) 강변 사리 마을

**1** 수미 마을에서 벼농사가 활발하게 이루어지는지는 알 수 없습니다.

**2** (1) 송어를 잡고 사륜 오토바이를 탈 수 있는 곳은 수미 마을입니다. (2) 산나물을 수확해 산채 비빔밥을 만들고 블루베리를 수확해 잼을 만들 수 있는 곳은 파로호 느릅 마을입니다. (3) 강변 사리 마을에서는 섬진강변에서 야영을 할 수 있고 임실 치즈를 구워 먹을 수 있습니다.

### 글 독해

● 59~61쪽

**★ 어떤 글일까요?**

우리나라에서 도시가 발달해 온 역사를 설명한 글입니다. 삼국 시대, 조선 시대, 산업화 이후의 도시 발달에 대해 설명하였습니다.

**★ 문단 요약**

| | |
|---|---|
| 1문단 | 우리나라의 도시 현황 |
| 2문단 | 삼국 시대의 도시 발달 |
| 3문단 | 조선 시대와 일제 강점기의 도시 발달 |
| 4문단 | 1960년대 이후의 도시 발달 |
| 5문단 | 도시와 촌락의 발전 노력 |

**1** ①　　**2** ④　　**3** ②
**4** ①　　**5** ④　　**6** ①
**7** ②

**1** 이 글은 우리나라의 도시 발달 과정에 대해 설명하였습니다.

**2** 오늘날 우리나라 전체 인구의 90% 이상이 도시에 살고 있다고 하였지만, 인구수를 제시하지는 않았습니다.

**3** 4문단에서 공업이 발달한 곳에 도시가 발달했다고 한 것과 주요 교통망에서 벗어난 지방 중소 도시들의 인구가 감소하였다는 내용에서 도시의 성장이 산업 발달과 교통 발달의 영향을 받는다는 것을 알 수 있습니다.

**4** 일제 강점기에는 외국과의 교류가 활발해지면서 인천, 목포, 군산 등의 항구 도시가 발달하였으며, 철도 교통이 발전하면서 철도역을 중심으로 신의주, 대전 등의 도시가 새롭게 성장하였습니다.

**5** 외국과의 교류가 활발해지면서 인천, 군산, 목포 등의 항구 도시가 성장하였습니다.

**6** 우리나라는 1960년대 이후 공업화가 추진되면서 남동 임해 공업 지역의 도시들이 빠르게 성장하였습니다.

**7** 삼국 시대에는 강력한 왕권을 바탕으로 왕궁이 있는 수도를 중심으로 도시가 성장하였다고 하였으므로 ②는 더 알아볼 내용으로 적절하지 않습니다.

### 하루 어휘

● 62쪽

**1** (1) 이촌향도 (2) 교통망 (3) 수도권
**2** (1) 항구 (2) 급증 (3) 점진적 (4) 교류
**3** (1) ② (2) ② (3) ① (4) ①

**2** (1) '창구'의 뜻은 '사무실이나 영업소 등에서, 손님과 문서·돈·물건 등을 주고받을 수 있게 조그마하게 창을 내거나 대를 마련하여 놓은 곳.'입니다. (2) '급감'의 뜻은 '급작스럽게 줄어듦.'입니다. (3) '급진적'의 뜻은 '변화나 발전의 속도가 급하게 이루어지는 것.'입니다. (4) '교체'의 뜻은 '사람이나 사물을 다른 사람이나 사물로 대신함.'입니다.

# 3장 우리나라의 산업은 언제부터 발달했나요

## 매체 독해

• 63쪽

### ★ 어떤 매체 자료일까요?
우리나라의 산업 발달 과정을 나타낸 연표입니다. 1960년대 이후 우리나라의 산업이 어떻게 발달해 왔는지 알 수 있습니다.

1 (1) ② (2) © (3) ⊙ (4) ©
2 남동 임해 공업 지역

1 연표를 통해 시기별로 주로 어떤 산업이 발달해 왔는지 확인할 수 있습니다.

2 남동 임해 공업 지역은 원료 수입과 제품 수출에 유리한 항만 시설을 잘 갖추고 있어서 중화학 공업이 발달하였습니다.

## 글 독해

• 64~66쪽

### ★ 어떤 글일까요?
우리나라의 공업 발달 과정을 설명한 글입니다. 공업이 발달하기 시작한 1960년대를 기준으로 그 이전과 이후의 공업 발달 모습을 설명하였습니다.

### ★ 문단 요약

| 1문단 | 공업 발달에 따른 생활 변화 |
|---|---|
| 2문단 | 공업 발달 이전의 전통 공업 |
| 3문단 | 1960년대 공업 발달의 시작 |
| 4문단 | 중화학 공업과 첨단 산업의 발달 |
| 5문단 | 공업 발달이 이끈 우리나라의 경제 성장 |

1 ①　　　　2 ⑤　　　　3 ⑤
4 ( 2 )( 1 )( 4 )( 3 )
5 ①　　　　6 첨단 산업
7 ⑤　　　　8 ②

1 우리나라의 공업 발달 과정과 특징에 대해 설명한 글입니다.

2 이 글은 시간의 흐름에 따라 우리나라의 공업이 발달해 온 과정을 설명하였습니다.

3 풍부한 노동력을 바탕으로 하여 발달하는 것은 주로 경공업이며, 첨단 산업은 높은 기술력과 우수한 인력을 바탕으로 하여 성장합니다.

4 우리나라 공업 발달 과정은 2~4문단에서 확인할 수 있습니다. 우리나라의 공업은 전통 공업 → 경공업 → 중화학 공업 → 첨단 산업의 순서로 발달했습니다.

5 우리나라에서 공업이 본격적으로 발달한 것은 1960년대에 경제 개발 계획을 추진하면서부터입니다.

6 우리나라는 1990년대부터 높은 기술력과 우수한 인력을 바탕으로 하여 첨단 산업이 발달하기 시작하였으며, 오늘날까지 이어지며 발달하고 있습니다.

7 4문단에서 원료 수입과 제품 수출에 유리한 항구가 발달한 남동 임해 공업 지역을 중심으로 중화학 공업이 발달했다고 하였습니다.

8 농업 사회였던 우리나라가 빠른 속도로 경제 성장을 이룩하여 오늘날에는 세계적인 수준으로 공업이 발달하였으므로, 상전벽해라 할 수 있습니다.

## 하루 어휘

• 67쪽

1 (1) ⊙ (2) © (3) ©
2 (1) 경공업 (2) 첨단 산업 (3) 중화학 공업
3 (1) ② (2) ①

2 경공업은 부피에 비하여 무게가 가벼운 물건을 만드는 공업이고, 첨단 산업은 고도의 기술이 필요한 제품을 개발하는 산업입니다. 중화학 공업은 중공업과 석유 화학 공업을 아울러 부르는 말입니다.

# 4장 교통의 발달과 생활의 변화

12일차

## 매체 독해

• 68쪽

### ★ 어떤 매체 자료일까요?

호남 고속 철도의 개통으로 나타난 지역의 변화 모습을 소개한 뉴스입니다.

**1** (1) × (2) × (3) ○
**2** ④

**1** (1) 전라북도는 그동안 접근성이 부족하여 관광 산업이 발달하는 데 한계가 있었습니다.
(2) 호남 고속 철도 이용객이 3배 이상 증가하였으나, 기존 철도 이용객이 3배 이상 감소하였는지는 기사의 내용에서 알 수 없습니다.

**2** 고속 철도 개통으로 지역 경제가 더욱 발전할 것으로 기대하고 있습니다.

## 글 독해

• 69~71쪽

### ★ 어떤 글일까요?

교통의 발달 과정과 이로 인해 나타난 생활의 변화를 설명한 글입니다.

### ★ 문단 요약

| | |
|---|---|
| 1문단 | 교통 발달의 역사 |
| 2문단 | 우리나라의 교통 발달①: 철도 교통 |
| 3문단 | 우리나라의 교통 발달②: 도로 교통 |
| 4문단 | 우리나라의 교통 발달③: 항공 교통 |
| 5문단 | 교통 발달에 따른 생활의 변화 |

**1** 교통  **2** ②  **3** ②  **4** ④
**5** ⑤  **6** ①  **7** ②

**1** 이 글은 우리나라의 교통 발달 과정과 이로 인해 나타난 생활의 변화를 설명하였습니다.

**2** 2, 3, 4문단에서 교통수단의 종류를 철도, 도로, 항공으로 나누어 발달 과정을 설명하였으며, 5문단에서 이로 인해 나타난 생활의 변화를 살펴보았습니다.

**3** ①은 3문단에서, ③, ⑤는 2문단에서, ④는 4문단에서 확인할 수 있습니다. ② 교통의 발달로 나타난 문제점은 설명하지 않았습니다.

**4** ㉠ 1990년대 이후 크게 성장한 것은 항공 교통이고, ㉡ 경제 개발 계획으로 본격적으로 개발된 것은 도로 교통이라고 하였습니다.

**5** 교통이 발달함에 따라 다른 지역과의 접근성이 향상되고 이동이 편리해졌습니다.

**6** 교통의 발달로 이전보다 멀리 이동할 수 있게 되자 일상생활의 범위가 확대된 것입니다. 따라서 ㉠을 설명하기에 알맞습니다.

**7** ② 스마트폰을 이용하여 연락을 주고받는 것은 통신의 발달과 관련된 생활 모습입니다.

## 하루 어휘

• 72쪽

**1** (1) 범위 (2) 개통 (3) 교역 (4) 수탈
**2** (1) 늘였다 (2) 늘리기로 (3) 늘려서 (4) 늘여야
**3** (1) ③ (2) ① (3) ②

## 신나는 퍼즐 퍼즐

• 73쪽

| | | | 보 | | | | 첨 |
|---|---|---|---|---|---|---|---|
| 수 | | 교 | 육 | 아 | 휴 | 직 | 단 |
| 도 | 농 | 통 | 합 | 시 | | | 산 |
| 권 | 망 | 설 | | | 제 | 조 | 업 |
| | | | 가 | | | | |
| | 정 | 치 | 중 | 화 | 학 | 공 | 업 |
| 증 | 기 | 기 | 관 | 차 | | 업 | |
| | 시 | | | 고 | 속 | 철 | 도 |
| | 장 | | | | | 시 | |

### 가로 열쇠

❷ 자녀가 있는 근로자가 자녀 양육을 위해 최대 1년 동안 유급으로 휴직할 수 있는 제도.
❹ 도시 지역과 농촌 지역이 통합된 형태의 시(市).
❻ 증기의 힘으로 달리는 기관차.
⑩ 자연에서 얻은 생산물을 원료로 하여 다양한 물자를 생산하는 공업.
⑪ 철강, 배, 자동차, 기계와 같은 제품을 만드는 중공업과 석유 화학 공업을 아울러 부르는 말. 예 □□□ □□이 발달한 남동 임해 공업 지역.
⑬ 시속 약 200 km 이상으로 운행되는 철도. 우리나라에는 KTX가 있음.

### 세로 열쇠

❶ 어린아이를 보살펴서 기르기 위한 시설. 주로 어린이집을 가리킴. 비슷 양육 시설.
❸ 수도를 중심으로 이루어진 대도시권. 서울, 경기, 인천을 포함하여 이르는 말.
❺ 교통로가 이리저리 분포되어 있는 상태를 그물에 비유하여 이르는 말.
❻ 무엇의 가치를 매길 때, 그 바탕은 사람의 일정한 생각이나 기준. 예 결혼에 대한 □□□
❼ 주기적으로 일정한 날짜에 열리는 시장.
⑫ 고도의 기술이 필요한 제품을 개발하는 산업.
⑬ 공업이 주요 산업으로 발달한 도시.

## 1장 13 일차 사람답게 살 권리, 인권

### 매체 독해
• 75쪽

**★ 어떤 매체 자료일까요?**

국제 연합에서 채택된 세계 인권 선언의 일부입니다. 세계 인권 선언에 담긴 이념과 각 조항의 내용을 살펴볼 수 있습니다.

**1** 서우
**2** ⑤

**1** 세계 인권 선언에서는 누구도 인권을 침해할 수 없다고 하였습니다.

**2** 세계 인권 선언 제26조는 교육을 받을 수 있는 권리에 대한 내용입니다. 아람이는 초등학교에 다니지 않았으므로 교육받을 권리를 보호받지 못한 것입니다.

### 글 독해
• 76~78쪽

**★ 어떤 글일까요?**

인권을 보장받지 못하던 시대의 사례를 설명함으로써 인권의 중요성과 이를 지키기 위한 노력의 필요성을 강조한 글입니다.

**★ 문단 요약**

| | |
|---|---|
| 1문단 | 인권의 의미 |
| 2문단 | 인권의 특징 |
| 3문단 | 세계 인권 발달의 역사 |
| 4문단 | 우리나라 인권 발달의 역사 |
| 5문단 | 인권을 지키려는 노력의 필요성 |

**1** 인권  **2** ②  **3** ④
**4** (  )(  )(  )( ○ )( ○ )
**5** ⑤  **6** 천부 인권
**7** ④  **8** ⑤

**1** 이 글에서는 인권의 중요성과 인권을 지키기 위한 노력의 필요성을 설명하였습니다.

**2** 3문단에서 미국에서 노예 제도가 사라진 것은 1865년의 일이라고 하였습니다.

**3** 3문단에서 '모든 사람의 인권'이라는 생각이 등장한 것은 그리 오래된 일이 아니라고 하였습니다. 예전에는 인종이나 성별, 사회적인 신분 등에 따라 인권을 보장받지 못하던 사람들이 있었다고 하였습니다.

**4** 인권은 모든 사람이 인간이기 때문에 가지는 근본적인 권리로, 모든 사람은 인간으로서 존엄성과 권리를 가지고 태어났으므로 모든 인권은 평등하다고 하였습니다.

**5** 모든 사람은 인간의 존엄성과 권리를 가지고 평등하게 태어났다고 하였습니다. 신분에 따라 구별되는 것이 아닙니다.

**6** '천부 인권'은 '하늘이 부여해 준 권리'를 뜻하는 말로, 인권은 사람이라면 누구나 태어나면서부터 갖는 근본적인 권리임을 나타냅니다.

**7** 인권을 바르게 알고 이를 지키기 위해 노력해야 한다고 하였으므로, 다음에 이어질 내용으로는 인권의 종류를 살펴보고 인권을 지킬 수 있는 방법을 알아보는 것이 알맞습니다. ㉠, ㉢은 이미 글에서 설명한 내용입니다.

**8** 2문단에서 인권은 누구나 가질 수 있지만 양도 불가능한 것이라고 하였습니다.

### 하루 어휘
• 79쪽

**1** (1) ㉢ (2) ㉠ (3) ㉡
**2** (1) { 자취 / 쟁취 } (2) { 보장 / 보충 } (3) { 열람 / 열망 }
**3** (1) ② (2) ③ (3) ① (4) ④

**2** (1) '자취'는 '어떤 것이 남긴 표시나 자리.'를, '쟁취'는 '힘들게 싸워서 바라던 바를 얻음.'을 뜻합니다.

## 2장 <sup></sup> 어린이의 인권을 지켜요

● 80쪽

### 매체 독해

★ **어떤 매체 자료일까요?**

아동 학대 예방을 위한 공익 광고입니다. 아동 학대에 대응하는 방법과 학대를 예방하는 방법을 제시하고 있습니다.

**1** ○□□

**2** ③

**1** 이 광고는 아동 학대를 외면하지 말고 신고해야 한다는 것과, 아이들이 가정에서 폭력을 학습할 수 있음을 알려 아동 학대를 예방하기 위해 만든 광고입니다.

**2** (나)에서 아동 학대를 저질렀을 때 어떤 처벌을 받는지는 나타나지 않았습니다.

### 글 독해

● 81~83쪽

★ **어떤 글일까요?**

어린이 인권에 대하여 설명한 글입니다. 어린이의 인권을 보호해야 하는 까닭과 어린이 인권 보호를 위한 노력을 '유엔 아동 권리 협약'과 '아동 권리 헌장'을 사례로 들어 설명하였습니다.

★ **문단 요약**

| 1문단 | 어린이 인권의 현실 |
|---|---|
| 2문단 | 어린이 인권 보호를 위한 유엔 아동 권리 협약 |
| 3문단 | 어린이 인권 보호를 위한 아동 권리 헌장 |
| 4문단 | 어린이 인권을 지키기 위한 노력 |

**1** 어린이  **2** ⑤  **3** ①
**4** ⑤  **5** ④  **6** ①
**7** (1) ✕ (2) ○ (3) ○

**1** 이 글에서는 어린이 인권 보호의 중요성과 어린이의 인권을 보호하기 위한 노력을 설명하였습니다.

**2** 두 대상의 차이점을 중심으로 각각의 특징을 설명한 부분은 찾을 수 없습니다. ①은 1문단, ②, ③, ④는 2문단에서 확인할 수 있습니다.

**3** 1문단에서 어린이의 인권에 대해 설명하였습니다. 어린이도 어른과 마찬가지로 온전한 한 명의 사람으로서 성별이나 국적 등에 관계없이 누구나 평등하게 대우받아야 한다고 하였습니다.

**4** 어린이는 온전한 한 명의 사람이며 사회적 약자이기 때문에 특별한 보호와 배려가 필요하다고 하였습니다.

**5** 2문단에서 유엔 아동 권리 협약은 유엔 가입국들이 모여 유엔 총회에서 제정하였다고 설명하였습니다. 따라서 세계의 모든 나라들이 이 협약을 지키고 있는 것은 아닙니다.

**6** 2문단에 나오는 내용으로, 유엔 아동 권리 협약에서는 생존, 보호, 발달, 참여의 권리에 대하여 규정하고 있습니다.

**7** (1) 어린이의 인권을 보호한다는 의미가 어린이의 잘못을 모두 모른 척하고 넘어가자는 뜻은 아닙니다. 어른의 보호 아래 어린이를 사랑과 배려로 바르게 키워 나가야 합니다.

### 하루 어휘

● 84쪽

**1** (1) 학대 (2) 구호 (3) 헌장 (4) 착취
**2** (1) 실현하다 (2) 충실하다 (3) 침해하다
**3** (1) 돌보다, 보살피다
 (2) 누리다, 만끽하다
 (3) 만들다, 제정하다

**2** (3) '저작권'은 '문학, 예술, 학술에 속하는 창작물에 대하여 그것을 만든 사람에게 주는 권리.'를 뜻합니다.

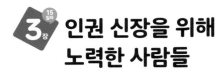

# 3장 인권 신장을 위해 노력한 사람들

15 일차

## 매체 독해
● 85쪽

### ★ 어떤 매체 자료일까요?

마틴 루서 킹의 연설문 일부입니다. 흑인의 인권 신장에 대한 마틴 루서 킹의 염원이 담겨 있습니다.

**1** ⑤
**2** (1) ○ (2) × (3) ×

**1** 마틴 루서 킹은 피부색이 다르다는 이유만으로 인격적으로 무시하고 차별하는 세상을 바꾸고자 하였습니다.

**2** 연설에서 흑인 어린이들이 백인 어린이들과 형제자매처럼 손을 마주 잡을 수 있는 날이 올 것이라고 기대하는 것으로 볼 때 연설 당시에는 그러지 못하였음을 알 수 있습니다.

## 글 독해
● 86~88쪽

### ★ 어떤 글일까요?

인권 신장을 위해 노력한 대표적인 인물들을 소개한 글입니다. 우리나라의 허균, 방정환과 외국의 테레사 수녀, 넬슨 만델라를 소개하였습니다.

### ★ 문단 요약

| 1문단 | 인권을 제대로 존중받지 못했던 과거 |
|---|---|
| 2문단 | 백성들의 인권을 위해 노력한 허균 |
| 3문단 | 어린이 인권을 위해 노력한 방정환 |
| 4문단 | 가난한 사람의 인권을 위해 노력한 테레사 수녀 |
| 5문단 | 흑인의 인권을 위해 노력한 넬슨 만델라 |

**1** ②　　**2** ④　　**3** ⑤
**4** (1) ○ (2) × (3) ○　　**5** ①
**6** ⑤　　**7** ④

**1** 이 글에서는 우리나라의 허균과 방정환, 외국의 테레사 수녀와 넬슨 만델라를 소개하고 있는데, 이들은 모두 인권 신장을 위하여 노력한 사람들입니다.

**2** 허균은 신분이 낮은 사람, 방정환은 어린이, 테레사 수녀는 가난하고 버림받은 사람, 넬슨 만델라는 흑인의 인권을 신장하기 위해 노력하였습니다.

**3** 조선 시대 인물인 허균은 『홍길동전』이라는 책을 통해 당대의 신분 제도를 비판하고 백성들의 인권 신장을 주장하였습니다.

**4** (2) 넬슨 만델라는 군사 조직을 만들어 싸우다가 수감되었고, 감옥에서 나온 후에는 비폭력·평화주의 운동을 펼쳤습니다.

**5** 홍길동은 아버지가 양반임에도 어머니가 노비라는 이유로 벼슬을 할 수 없었습니다. 의적이 된 후 벼슬을 받은 길동은 결국 조선을 떠나 율도국에 가서 왕이 되었습니다. 따라서 양반인 아버지 덕분에 조선에서 왕이 되었다는 설명은 적절하지 않습니다.

**6** ⑤는 책을 팔아 경제적 이익을 얻고 있으므로 나머지와는 성격이 다릅니다.

**7** ④ 호의를 받아들이는 태도에 대해서는 다루지 않았습니다.

### 하루 어휘
● 89쪽

**1** (1) ㉠ (2) ㉡ (3) ㉢
**2** (1) 겸손하다 : 교만하다
　　(2) 명료하다 : 분명하다
**3** (1) ② (2) ① (3) ③

**2** (1) '부당하다 : 정당하다', '겸손하다 : 교만하다'는 반대의 뜻을 가지고, '날렵하다 : 재빠르다', '발달하다 : 발전하다'는 비슷한 뜻을 가집니다. (2) '대등하다 : 동등하다', '명료하다 : 분명하다'는 비슷한 뜻을 가지고, '무용하다 : 유용하다', '축소하다 : 확대하다'는 반대의 뜻을 가집니다.

# 4장 헌법에 국민의 권리를 규정하고 있어요

## 매체 독해
• 90쪽

★ **어떤 매체 자료일까요?**
생활 속에서 발생하는 권리와 권리 간의 충돌에 대해 다룬 신문 기사입니다.

**1** ②
**2** 소민

**1** B씨의 새 건물이 자신의 일조권을 침해한다고 주장하는 A씨는, B씨의 건물을 철거할 것을 요구했습니다.

**2** A씨가 햇빛을 받을 권리를 침해받지 않으면서, B씨도 자신의 땅을 원하는 대로 이용할 권리를 누릴 수 있도록 건물의 높이를 조정하여 짓게 하였습니다. 법원은 두 사람의 권리를 모두 보장해 주었으므로, 한쪽의 권리를 더 중요하게 생각한 것은 아닙니다.

## 글 독해
• 91~93쪽

★ **어떤 글일까요?**
대한민국 헌법에 명시된 기본권의 의미를 살펴보고, 국민의 기본권 여섯 가지를 설명한 글입니다.

★ **문단 요약**

| 1문단 | 헌법에 보장된 국민의 기본권 |
|---|---|
| 2문단 | 평등권과 자유권 |
| 3문단 | 참정권과 청구권 |
| 4문단 | 사회권 |
| 5문단 | 헌법에서 국민의 인권을 보장하는 까닭 |

**1** 기본권　　**2** ②　　**3** ④
**4** ④　　　　**5** ⑤　　**6** ②
**7** ②

**1** 이 글은 헌법을 통해 보장하는 기본권의 의미와 종류를 설명한 글입니다.

**2** 이 글은 전체적으로 기본권을 종류별로 나누어 설명하고 있습니다. ①, ③, ⑤는 단계적 순서에 따라 설명하는 방법이 알맞습니다. ④는 차이점을 중심으로 설명하는 구성 방법이 알맞습니다.

**3** 기본권은 우리나라 국민 모두에게 보장된 당연한 기본 권리로서, 국가가 함부로 침해할 수 없다고 하였습니다.

**4** 청구권은 기본권 침해 시 국민이 국가에 어떤 일을 해 달라고 요구할 수 있는 권리라고 하였습니다.

**5** 법과 기회 앞에서 차별받지 않을 권리는 평등권과 관련이 있습니다.

**6** ② 살고 싶은 곳에서 살 권리는 자유권에 속합니다. 사회권은 인간답게 살 수 있도록 국가에 요구할 수 있는 권리로 그 예가 4문단에 설명되어 있습니다.

**7** 사회권은 국가의 적극적인 개입이 필요한 권리라고 하였습니다. 국가 권력이 행사되지 않음으로써 보장되는 소극적인 권리는 자유권입니다.

## 하루 어휘
• 94쪽

**1** (1) ㉢ (2) ㉠ (3) ㉡
**2** (1) { 일체 / 일절 } (2) { 지양하다 / 지향하다 } (3) { 능동적 / 수동적 }
**3** (1) 깻잎 (2) 나뭇잎

**2** (1) '일절'은 '아주, 전혀, 절대로의 뜻으로, 흔히 행위를 그치게 하거나 어떤 일을 하지 않을 때에 쓰는 말.'이며, '일체'는 '모든 것.'이라는 뜻입니다. (2) '지양하다'는 '더 높은 단계로 오르기 위하여 어떠한 것을 하지 않다.'라는 뜻이고, '지향하다'는 '어떤 목표로 뜻이 쏠리어 향하다.'라는 뜻입니다.

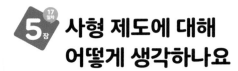

# 사형 제도에 대해 어떻게 생각하나요

## 매체 독해

● 95쪽

★ 어떤 매체 자료일까요?

범죄자의 인권에 대한 의견을 나누는 학급 게시판입니다.

1 찬성 : 지훈, 규리 / 반대 : 선빈, 승호
2 (1) ○ (2) ○ (3) × (4) ×

1 지훈이는 피해자를 생각하면 가해자의 신상을 공개하는 것이 마땅하다고 하였고, 규리는 범죄자 신상 공개가 범죄 예방에 효과가 있다고 하였습니다.

2 승호는 죄가 밝혀진 후 범죄자가 받을 형벌만으로도 충분한 처벌이 될 것이라고 생각하여 신상 공개에 반대했습니다.

## 글 독해

● 96~98쪽

★ 어떤 글일까요?

사형 제도를 설명하고, 사형 제도에 찬성하는 입장과 반대하는 입장을 서술하였습니다. 사형 제도와 인권을 연결지어 생각해 볼 수 있습니다.

★ 문단 요약

| | |
|---|---|
| 1문단 | 사형 제도의 의미 |
| 2문단 | 우리나라의 사형 제도 |
| 3문단 | 사형 제도를 찬성하는 입장 |
| 4문단 | 사형 제도를 반대하는 입장 |
| 5문단 | 쉽게 결정하기 어려운 사형 제도 찬반 논쟁 |

1 ③   2 ①   3 ②
4 ①   5 ○☐☐
6 ②   7 ①

1 이 글은 사형 제도에 대한 찬성 측과 반대 측의 주장과 근거를 모두 제시하고, 쟁점에 대하여 독자들이 고민할 수 있도록 유도하고 있습니다.

2 사형 제도에 찬성하는 입장과 반대하는 입장을 설명하고 있으므로 사형 제도를 유지해야 할지에 대해 토론해 볼 수 있습니다.

3 우리나라는 법률상 사형 제도를 유지하고 있으며, 흉악 범죄를 저지른 사람에게 사형 판결은 내리지만 1997년 이후 실제로 집행하고 있지는 않다고 하였습니다.

4 ①은 사형 제도에 반대하는 입장입니다.

5 범죄자의 목숨을 빼앗는 것은 범죄자의 가족이나 사형 집행인에게 또 다른 고통을 줄 수 있다는 내용을 전달하고 있습니다.

6 사형 제도를 찬성하는 입장에서 많은 생명을 앗아간 범죄자에게 똑같이 생명을 앗아가는 벌을 주어야 한다고 말하는 것이므로, 이를 뒷받침하는 말로는 '눈에는 눈, 이에는 이.'가 적절합니다.

7 ② 정도를 지나치지 않는 것이 중요함을 이르는 말입니다. ③ 어려운 처지에 있는 사람끼리 서로 가엾게 여긴다는 말입니다. ④ 다른 사람의 하찮은 언행일지라도 자신을 갈고닦는 데 도움이 된다는 말입니다. ⑤ 남의 권세를 빌려 위세를 부린다는 뜻입니다.

## 하루 어휘

● 99쪽

1 (1) 논쟁 (2) 집행 (3) 오판 (4) 박탈
2 (1) 감소하다, 증가하다
  (2) 신중하다, 경솔하다
  (3) 경시하다, 중시하다
3 (1) ② (2) ① (3) ②

2 (2) '신중하다'의 뜻은 '매우 조심스럽다.'이고, '경솔하다'의 뜻은 '말이나 행동이 조심성 없이 가볍다.'입니다. (3) '경시하다'의 뜻은 '대수롭지 않게 보거나 업신여기다.'로 '가볍게 여길 수 없을 만큼 매우 크고 중요하게 여기다.'라는 뜻의 '중시하다'와 서로 반대됩니다.

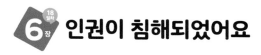

## 6장 인권이 침해되었어요

### 매체 독해

● 100쪽

#### ★ 어떤 매체 자료일까요?

국가인권위원회의 상담 게시판입니다. 외모를 이유로 차별을 당한 인권 침해 사례입니다.

**1** ④, ⑤
**2** ◯ ☐ ☐ ☐

**1** 상담 의뢰자는 얼굴에 있는 붉은 반점 때문에 채용 취소를 당했으며, 차량 구입비를 돌려받지 못하는 어려움에 처했습니다.

**2** 답변 내용을 통해 국가인권위원회는 인권 침해 사안이 발생하면 이를 조사하고 도와주는 역할을 한다는 것을 알 수 있습니다.

### 글 독해

● 101~103쪽

#### ★ 어떤 글일까요?

국가인권위원회를 소개한 글입니다. 설립 목적과 출범 이유, 성격, 그리고 인권 보장을 위해 어떠한 일을 하고 있는지 설명하였습니다.

#### ★ 문단 요약

| 1문단 | 국가인권위원회의 설립 |
|---|---|
| 2문단 | 국가인권위원회의 설립 목적 |
| 3문단 | 국가인권위원회의 독립적 성격 |
| 4문단 | 국가인권위원회가 하는 일 |
| 5문단 | 국가인권위원회의 의의와 평가 |

**1** 국가인권위원회  **2** ④
**3** ②  **4** ③  **5** ②
**6** ⑤  **7** ☐ ☐ ◯

**1** 이 글에서는 국가인권위원회에 대하여 소개하고, 하는 일에 대하여 설명하고 있습니다.

**2** 2문단에서 국가인권위원회는 인권 보호와 수준 향상, 인간으로서의 존엄과 가치 실현 및 민주적 기본 질서 확립에 이바지함을 목적으로 한다고 하였습니다.

**3** 국가인권위원회는 국회에서 선출된 4인, 대통령이 지명한 4인, 대법원장이 지명한 3인으로 구성된다고 하였습니다.

**4** ③은 이 글에서 확인할 수 없고, 실제로 국가인권위원회는 인권 침해에 대하여 시정 또는 개선 권고만 할 수 있습니다.

**5** 이 글의 흐름상 국가인권위원회는 개인이나 국가 기관 어디에도 속하지 않고, 어떤 간섭도 받지 않으므로 '독립적'인 기구라고 할 수 있습니다.

**6** 놀이 기구를 탑승할 때 키를 제한하는 까닭은 안전을 위해서이므로 이를 인권 침해로 보는 것은 바람직하지 않습니다.

**7** 신체 조건으로 인한 차별로 직장에서 부당한 대우를 받았다면 국가인권위원회에서 이를 조사할 수 있습니다.

### 하루 어휘

● 104쪽

**1** (1) ㉢ (2) ㉠ (3) ㉡
**2** (1) 설립하다 (2) 지명하다 (3) 구제하다
**3** (1) { 출범 / 출석  (2) { 불가능 / 불가침

### 신나는 퍼즐 퍼즐

● 105쪽

| 국 | 제 | 연 | 합 | 어 | 린 | 이 | 노 | 헌 |
|---|---|---|---|---|---|---|---|---|
| 가 | 정 | 홍 | 길 | 동 | 전 | 유 | 벨 | 법 |
| 사 | 치 | 충 | 신 | 분 | 교 | 인 | 평 | 균 |
| 회 | 형 | 돌 | 인 | 격 | 육 | 권 | 화 | 자 |
| 제 | 자 | 본 | 주 | 의 | 존 | 평 | 상 | 유 |
| 도 | 참 | 정 | 권 | 지 | 엄 | 유 | 등 | 치 |
| 적 | 기 | 본 | 권 | 체 | 허 | 소 | 화 | 권 |
| 차 | 별 | 소 | 침 | 해 | 균 | 청 | 구 | 원 |

#### 힌트

❶ 인간으로서 당연히 가지는 기본적 권리. 예 천부 ☐☐
❷ 법률의 범위 안에서 남에게 구속되지 않고 자기 마음대로 하는 행위. 예 누구나 원하는 곳에서 살 ☐☐가 있다.
❸ 둘 이상의 대상을 각각 등급이나 수준 등의 차이를 두어서 구별함. 예 인종 ☐☐, 신분 ☐☐
❹ 인간이 태어날 때부터 가지고 있는 기본적인 권리. 헌법에서 보장하고 있는 인권.
❺ 각 국민이 법 앞에 평등하여 정치적·경제적·사회적 생활의 모든 면에서 차별을 받지 않는 기본권.
❻ 국민이 국정에 직접 또는 간접으로 참여하는 권리. 예 ☐☐☐에는 선거권 등이 해당된다.
❼ 침범하여 해를 끼침. 예 고층 건물이 해를 가려서 나의 일조권을 ☐☐했다.
❽ 법 중에서 가장 기본이 되는 법으로 우리나라 최고의 법.
❾ 개인의 사회적인 위치나 계급. 예 홍길동은 노비 ☐☐인 어머니에게서 태어났다.
❿ '어린아이'를 대접하거나 격식을 갖추어 이르는 말. 대개 4, 5세부터 초등학생까지의 아이를 이른다.

# 주제5 일상생활과 법

 **1장 법은 왜 지켜야 하나요**

## 매체 독해
● 107쪽

**★ 어떤 매체 자료일까요?**
정의의 여신상에 대한 인터넷 검색 결과입니다. 법을 대표하는 상징물을 통해 법의 특징을 알 수 있습니다.

**1** ②
**2** 유스티티아

**1** 우리나라 대법원에 있는 정의의 여신상은 서구적인 여신을 한국적으로 형상화한 것으로, 전통 의복인 한복을 입고 있으며 저울과 법전을 들고 앉아 있다고 하였습니다.

**2** 그리스 신화 속 '법과 정의의 여신'의 로마 시대 이름인 유스티티아에서 오늘날 '정의'를 의미하는 영어 단어가 유래되었다고 했습니다.

## 글 독해
● 108~110쪽

**★ 어떤 글일까요?**
법의 역할과 필요성을 제시한 후 법을 지켜야 하는 까닭에 대하여 설명한 글입니다.

**★ 문단 요약**

| | |
|---|---|
| 1문단 | 일상생활 속의 법 |
| 2문단 | 법의 역할 ①: 개인의 권리 보호 |
| 3문단 | 법의 역할 ②: 사회 질서 유지 |
| 4문단 | 법의 필요성 |
| 5문단 | 법을 지켜야 하는 까닭 |

**1** 보장, 질서 **2** ③ **3** ②
**4** ④ **5** 준법정신 **6** ①
**7** ⑤

**1** 법을 잘 지키면 다른 사람과 나의 권리를 보장받고, 사회의 질서를 유지할 수 있다고 하였습니다.

**2** 이 글은 법은 왜 필요하고, 왜 법을 지키면서 살아야 하는지에 대해 질문한 뒤 이에 대해 답하는 방식으로 쓰였습니다.

**3** 이 글은 법의 역할과 필요성을 통해 법을 지켜야 한다는 것을 설명하는 글입니다. 법을 만드는 방법에 대해서는 설명하지 않았습니다.

**4** 법은 강자로부터 약자를 보호하고, 일상적인 행동의 기준이 된다고 하였습니다.

**5** 준법정신은 '법률이나 규칙을 잘 지키는 정신.'을 뜻하는 말입니다. 우리는 준법정신을 가지고 항상 법을 지키며 살아야 합니다.

**6** 법을 지키지 않으면 다른 사람의 권리를 침해하여 피해를 줄 수 있고, 사람들 간에 갈등이 생길 수 있다고 하였습니다. 또한 재판을 통해 자신의 권리도 제한당할 수 있다고 하였습니다.

**7** 층간 소음 때문에 발생한 주민들 간의 분쟁을 법을 통해 해결한 사례이므로, 이는 법의 역할 중 '개인 간의 분쟁 해결'에 해당한다고 볼 수 있습니다.

## 하루 어휘
● 111쪽

**1** (1) 권리 (2) 규제 (3) 기준
**2** (1) { 공손하게 / 공정하게 } (2) { 개정하여 / 규정하여 }
   (3) { 유발하였다 / 적발하였다 }
**3** (1) ① (2) ② (3) ① (4) ②

**2** (1) '공정하다'의 뜻은 '공평하고 올바르다.'이고, '공손하다'의 뜻은 '말이나 행동이 겸손하고 예의 바르다.'입니다. (2) '개정하다'의 뜻은 '주로 문서의 내용 등을 고쳐 바르게 하다.'입니다. (3) '적발하다'의 뜻은 '숨겨져 있는 일이나 드러나지 않은 것을 들추어 내다.'입니다.

**2 장** **20 일차** 법에도 위아래가 있나요

## 매체 독해
• 112쪽

★ **어떤 매체 자료일까요?**
어린이 국회를 소개하는 안내글입니다. 어린이 국회에서 하게 되는 체험을 통해 국회의 역할을 이해할 수 있습니다.

**1** 입법
**2** ⑤

**1** 국회는 법을 만드는 입법 활동을 하는 곳입니다. 안내글에서는 어린이 국회에 대해 입법 활동 체험의 장이라고 하였습니다.

**2** 어린이 국회 활동을 통해 민주적 토론 문화를 정착시킬 수 있다고 했을 뿐, 다른 사람이 자신의 주장을 받아들이게 하는 법을 배울 수 있다는 내용은 나타나지 않았습니다.

## 글 독해
• 113~115쪽

★ **어떤 글일까요?**
우리나라 최고법인 헌법을 기준으로 하여 법의 위계에 대해 설명한 글입니다.

★ **문단 요약**

| 1문단 | 헌법의 의미와 특성 |
|---|---|
| 2문단 | 헌법과 다른 법과의 관계 ① |
| 3문단 | 헌법과 다른 법과의 관계 ② |
| 4문단 | 하위법이 헌법에 어긋난 사례 |
| 5문단 | 헌법을 수정하는 방법 |

**1** ⑤          **2** (1) × (2) ○ (3) ○ (4) ○
**3** ③          **4** ③          **5** 법률
**6** ④          **7** ③

**1** 우리나라에서 무효 처리가 된 법률이 총 몇 개인지는 이 글에서 설명하지 않았습니다.

**2** 5문단에서 최고법인 헌법을 수정할 때는 국민 투표를 실시한다고 하였습니다.

**3** 법은 위부터 차례대로 헌법, 법률, 명령, 조례와 규칙으로 이루어져 있습니다.

**4** 2문단에서 하위법은 상위법에 어긋나서는 안 된다고 하였습니다. 조례와 규칙은 상위법인 명령, 법률, 헌법에 어긋나서는 안 됩니다.

**5** 법률은 상위법인 헌법을 바탕으로 하여 만들어지며, 국민의 대표인 국회 의원이 만드는 법이라고 하였습니다.

**6** 이어지는 문장에서 헌법 재판소가 법률이 헌법에 위배되는지를 판단한다고 하였으므로 이를 통해 '위헌'은 법률 등이 헌법의 조항이나 정신에 위배되는 일을 의미하는 것임을 추측할 수 있습니다.

**7** 당시 헌법 재판소에서는 '인터넷 게임 셧다운제'가 헌법에 어긋나지 않는다고 판결하였으나 2022년 1월 1일부로 폐지되었다고 하였습니다.

## 하루 어휘
• 116쪽

**1** (1) ⓒ (2) ⓐ (3) ⓑ
**2** (1) 위배한 (2) 제기할 (3) 판명하는
   (4) 수정할
**3** (1) 사라졌다 (2) 판정하기 (3) 시행하였다

**2** (1) '위배하다'의 뜻은 '법률, 명령, 약속 등을 지키지 않고 어기다.'입니다. (2) '제기하다'의 뜻은 '의견이나 문제를 내어놓다.'입니다. (3) '판명하다'의 뜻은 '어떤 사실을 판단하여 명백하게 밝히다.'입니다. (4) '수정하다'의 뜻은 '바로잡아 고치다.'입니다.

# 3장 법을 어기면 어떤 벌을 받나요

## 매체 독해
● 117쪽

### ★ 어떤 매체 자료일까요?

법률 상담 센터의 상담 사례를 통해 여러 가지 유형의 범죄와 그에 따른 형벌을 이해할 수 있습니다.

**1** 저작권법
**2** 진영, 하준

**1** 저작권자의 허락 없이 타인의 저작물을 활용한 경우 저작권법에 의해 처벌될 수 있음을 위 사례에서 확인할 수 있습니다.

**2** 연예인에 대한 나쁜 소문을 퍼뜨리면 다른 사람의 명예를 훼손한 것이 되어 형법 제307조에 따라 처벌받을 수 있다고 하였습니다.

## 글 독해
● 118~120쪽

### ★ 어떤 글일까요?

강제성이 있는 법을 어겼을 때 받게 되는 형벌을 네 가지로 나누어 설명하고 형벌의 필요성을 제시한 글입니다.

### ★ 문단 요약

| 1문단 | 법의 강제성 |
|---|---|
| 2문단 | 형벌의 종류 ①: 자유형 |
| 3문단 | 형벌의 종류 ②: 명예형 |
| 4문단 | 형벌의 종류 ③: 재산형 |
| 5문단 | 형벌의 종류 ④: 생명형 |
| 6문단 | 형벌의 필요성 |

**1** 형벌 　　**2** ② 　　**3** ⑤
**4** ⑤ 　　**5** ④ 　　**6** ⑤
**7** ②

**1** 이 글은 법을 어기면 받게 되는 여러 가지 형벌에 대해 설명하는 글입니다.

**2** (가)에서는 예절과의 차이점을 통해 법의 강제성을 설명하였고, (나)~(마)에서는 형벌의 종류에 대해 자세히 설명하였으며, (바)에서는 형벌의 필요성에 대해 설명하였습니다.

**3** 법률상 사형 제도가 남아 있다고만 하였을 뿐, 그 까닭을 설명하지는 않았습니다.

**4** 자격이나 권리를 빼앗거나 정지시키는 형벌은 '명예형'에 해당합니다.

**5** ③ (다)에서 무기 징역을 선고받은 사람은 공무원이 되는 자격을 상실하는 '자격 상실'의 형벌도 함께 받게 된다고 하였습니다. ④ (바)에서 마음대로 과도한 형벌을 주면 안 되고, 죄에 따라 정해진 만큼의 형벌을 주어야 한다고 하였습니다.

**6** 형벌은 강제성이 있는 법을 어겼을 때 받게 되는 것이라고 하였습니다. ⑤는 예절에 어긋나는 행동이므로 형벌을 받게 되지는 않을 것임을 추측할 수 있습니다.

**7** ⊙과 ㉣은 재산형, ㉡은 자유형, ㉢은 명예형의 형벌을 받은 경우에 해당됩니다.

## 하루 어휘
● 121쪽

**1** (1) ㉡ (2) ㉣ (3) ㉢ (4) ⊙
**2** (1) ⌠ 초과 　(2) ⌠ 이상
　　　 ⌡ 미만 　　　 ⌡ 이하
**3** (1) ⊙ (2) ㉡ (3) ㉢

**2** (1) '초과'는 기준이 되는 수가 범위에 포함되지 않으면서 그 위인 경우를 가리키고, '미만'은 기준이 되는 수가 범위에 포함되지 않으면서 그 아래인 경우를 가리킵니다. (2) '이상'은 기준이 되는 수가 범위에 포함되면서 그 위인 경우를, '이하'는 기준이 되는 수가 범위에 포함되면서 그 아래인 경우를 가리킵니다.

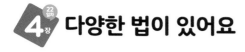

# 4장 다양한 법이 있어요

• 122쪽

## 매체 독해

### ★ 어떤 매체 자료일까요?
우주 개발로 새롭게 생겨난 우주법에 관한 내용을 확인해 보는 학급 게시판입니다.

**1** ⑤
**2** (1) × (2) × (3) ○

**1** 우주 개발이 본격적으로 시작되면서 개발에 참여한 나라들 사이에 마찰이 생기자 이와 관련한 문제를 해결하고 예방하기 위해 우주에 관한 법을 만들었다고 하였습니다.

**2** 우주는 평화적으로만 이용할 수 있습니다. 우주에 군사 시설을 설치할 수 없으며, 어느 한 나라가 우주를 차지할 수 없습니다.

## 글 독해

• 123~125쪽

### ★ 어떤 글일까요?
법을 공법, 사법, 사회법으로 분류한 후 각 법의 의미, 특징, 종류 등에 대해 설명하는 글입니다.

### ★ 문단 요약

| 1문단 | 법의 분류 |
|---|---|
| 2문단 | 공법의 의미와 특징 및 종류 |
| 3문단 | 사법의 의미와 특징 및 종류 |
| 4문단 | 사회법의 의미와 등장 배경 및 종류 |

**1** ②　　　　**2** 공법, 사법, 사회법
**3** ③　　　　**4** (1) ○ (2) × (3) ○
**5** ①　　　　**6** ⑤
**7** ③

**1** 이 글은 법을 공법, 사법, 사회법으로 분류하여 각 법의 특징과 종류를 설명한 글입니다.

**2** 법은 규율하는 생활 영역에 따라 공법, 사법, 사회법으로 구분할 수 있습니다. 이 중 주로 국가 공동체와 관련 있는 공적인 생활 영역을 다루는 것이 공법, 개인의 사적인 생활

영역을 다루는 것이 사법이며, 약자를 보호하기 위해 개인 간의 관계에 국가가 개입하는 것이 사회법입니다.

**3** 세금 납부, 국방의 의무 등은 공법을 통해 다루는 공적인 생활 영역에 해당합니다.

**4** 사법에는 민법과 상법이 있다고 하였습니다. 재판의 절차를 규정하는 소송법은 공법에 해당됩니다.

**5** ⊙ '공법'에서 다루는 대상은 세금을 내는 것, 국방의 의무, 선거에서 투표할 권리 등입니다. 결혼과 이혼, 계약, 손해에 대한 배상에 관련된 내용은 사법 중 민법에서 다루고, 기업의 경제 생활은 사법 중 상법에서 다룹니다.

**6** 4문단에서 사회법의 목적은 약자의 권리를 보호하고 모든 국민의 최소한의 인간다운 생활을 보장하는 것이라고 하였습니다.

**7** ㉮는 유산과 상속에 대해 다루고 있으므로 사법의 하나인 '민법'과 관련되는 사례입니다. ㉯는 범죄와 관련된 내용이므로 공법의 하나인 '형법'과 관련되는 사례입니다. ㉰는 근로자의 권리와 관련된 내용이므로 사회법의 하나인 '노동법'과 관련되는 사례입니다.

### 하루 어휘

• 126쪽

**1** (1) ㉡ (2) ㉠ (3) ㉢
**2** (1) 규율 (2) 실업 (3) 행정 (4) 상속
**3** (1) ① (2) ② (3) ② (4) ①

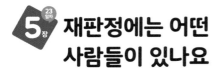

# 5장 재판정에는 어떤 사람들이 있나요

**매체 독해** ● 127쪽

★ **어떤 매체 자료일까요?**

형사 재판정의 모습을 통해 형사 재판에 참여하는 사람들에 대해 이해할 수 있습니다.

1 피고인
2 ①

1 법을 어겼다고 생각되어 일정한 절차에 따라 재판을 받는 사람을 '피고인'이라고 합니다.

2 재판을 이끌고 피고인을 심판하는 것은 판사, 피고인을 보호하고 도와주는 것은 변호인, 피고인이 잘못한 점을 지적하여 적당한 벌을 내리도록 요구하는 것은 검사의 역할입니다. 또한 서기는 재판의 내용을 기록하는 사람으로 촬영을 하는 것은 아닙니다.

**글 독해** ● 128~130쪽

★ **어떤 글일까요?**

재판의 의미를 설명하고, 재판의 종류를 민사 재판과 형사 재판으로 구분해 살펴본 글입니다.

★ **문단 요약**

| 1문단 | 재판의 의미와 재판정의 모습 |
|---|---|
| 2문단 | 민사 재판의 절차와 특징 |
| 3문단 | 형사 재판의 절차와 특징 |
| 4문단 | 재판의 기능 |

1 ②　　　　2 ⑤
3 민사 재판, 형사 재판
4 ④　　　　5 ⑤
6 ③　　　　7 ②

1 1문단에서는 재판의 의미를 알려 주며 재판정의 모습에 대한 흥미를 유발하고, 2문단과 3문단에서 민사 재판과 형사 재판에 대해 나누어 설명한 후, 4문단에서 재판의 기능에 대해 설명하고 있습니다.

2 이 글에서는 재판이 진행되는 시간에 대해 설명하지 않았습니다.

3 민사 재판은 개인 사이에 발생한 다툼을 해결하는 재판이며, 형사 재판은 범죄와 관련된 재판을 말한다고 하였습니다.

4 재판의 종류가 달라지면 재판에 참여하는 사람들도 달라집니다.

5 그림은 판사, 원고, 피고, 변호사 등이 참여한 민사 재판입니다. 민사 재판에서 원고와 피고는 변호사 등의 소송 대리인과 함께 재판에 참석합니다. ②는 형사 재판의 모습입니다.

6 재판은 법규에 맞고 정의로운 것이 무엇인지 알려 줌으로써 사회 정의를 실현하는 데 기여한다고 했을 뿐, 법규를 새로 만든다고 설명하지는 않았습니다.

7 범죄 사실과 관련된 사건은 형사 재판으로 해결합니다. 형사 재판의 경우 피해자가 아닌 검사가 공소를 제기하므로, ㉡은 잘못된 내용입니다.

**하루 어휘** ● 131쪽

1 (1) 형량 (2) 소장 (3) 공소 (4) 변론
2 (1) 혐의 (2) 심문 (3) 지휘
3 (1) 엄숙하다, 경건하다
　 (2) 예방하다, 방지하다
　 (3) 진행하다, 추진하다

3 (1) '경건하다'의 뜻은 '공경하며 삼가고 엄숙하다.'이므로 '엄숙하다'와 뜻이 비슷합니다. (2) '방지하다'의 뜻은 '어떤 일이나 현상이 일어나지 못하게 막다.'이므로 '예방하다'와 뜻이 비슷합니다. (3) '추진하다'의 뜻은 '목표를 향하여 밀고 나아가다.'이므로 '진행하다'와 뜻이 비슷합니다.

# 6장 24 일차 헌법을 읽어요

## 매체 독해

### ★ 어떤 매체 자료일까요?
제헌절에 대한 인터넷 검색 결과입니다. 제헌절의 의미와 유래를 통해 헌법의 가치를 이해할 수 있습니다.

1 제헌절
2 (1) ○ (2) ○ (3) × (4) ○

1 제헌절은 1948년 7월 17일에 대한민국 헌법을 공포한 것을 기념하는 국경일이라고 하였습니다.

2 제헌절은 헌법이 만들어진 날이 아니라 공포된 날로, 대한민국이 민주 공화국임을 널리 알린 날입니다.

## 글 독해

● 133~135쪽

### ★ 어떤 글일까요?
헌법의 목적과 내용을 설명하고, 헌법 조항을 통해 헌법에 규정된 권리와 의무를 살펴본 글입니다.

### ★ 문단 요약

| 1문단 | 헌법의 목적과 내용 |
|---|---|
| 2문단 | 헌법에 담긴 내용 ①: 국가의 운영 원리와 이념 |
| 3문단 | 헌법에 담긴 내용 ②: 국민의 권리 |
| 4문단 | 헌법에 담긴 내용 ③: 국민의 의무 |
| 5문단 | 일상생활에 영향을 주는 헌법 |

1 헌법    2 ⑤    3 ⑤
4 ⑤    5 ⑤    6 ①
7 ( ○ ) ( ○ ) ( ○ ) (    ) (    )

1 헌법은 국민의 자유와 권리, 인간다운 생활을 보장하기 위해 만들어진 법이며, 나라를 운영하는 데 필요한 가장 기본적이고 중요한 내용을 담고 있다고 했습니다.

2 한반도와 그에 딸린 섬이 대한민국의 영토라는 설명은 나타나 있지만, 섬의 개수는 이 글에서 설명하지 않았습니다.

3 헌법에서 모든 국민이 법 앞에 평등하다고 하였으므로, 계층별로 권리를 다르게 규정한다는 설명은 적절하지 않습니다.

4 대한민국은 국민이 주권을 가진 민주 공화국으로, 군주가 나라를 다스린다는 설명은 적절하지 않습니다.

5 청구권은 청원, 즉 국가에 어떤 일을 해 달라고 요구할 수 있는 권리입니다. 건강하고 쾌적한 환경에서 생활할 권리는 최소한의 인간다운 삶을 보호하는 사회권에 해당합니다.

6 ② 환경을 깨끗하게 하는 것은 환경 보전의 의무에 해당합니다. ③ 모두의 안전을 위해 나라를 지키는 것은 국방의 의무입니다. ④ 자녀가 교육을 받을 수 있게 하는 것은 교육의 의무입니다. ⑤ 개인과 나라의 발전을 위해 일을 해야 하는 것은 근로의 의무입니다.

7 '헌법에 명시된 책임'은 국민으로서 지켜야 할 의무를 의미합니다. 헌법에는 교육의 의무, 근로의 의무, 납세의 의무, 국방의 의무, 환경 보전의 의무가 담겨 있습니다. '참정'과 '청구'는 참정권과 청구권, 즉 국민의 기본권과 관련되는 단어입니다.

## 하루 어휘

● 136쪽

1 (1) ㉠ (2) ㉡ (3) ㉢
2 (1) ㉡ (2) ㉠ (3) ㉢
3 (1) 운영 (2) 균등한 (3) 보전해야

2 (1)과 ㉡의 '의사'는 '일정한 자격을 가지고 병을 고치는 것을 직업으로 하는 사람.'을 뜻합니다. (2)와 ㉠의 '의사'는 '무엇을 하고자 하는 생각.'을 뜻합니다. (3)과 ㉢의 '의사'는 '나라와 민족을 위하여 일하다가 목숨을 바친 사람.'을 뜻합니다.

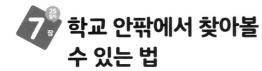

# 7장 학교 안팎에서 찾아볼 수 있는 법

25일차

## 매체 독해
● 137쪽

### ★ 어떤 매체 자료일까요?

스쿨 존에 대한 안내문입니다. 학교 근처의 도로에서 어린이를 보호하기 위해 어떤 규제를 하고 있는지 알 수 있습니다.

1 유정, 태호
2 (1) ○ (2) × (3) ×

1 초등학교, 유치원, 어린이집 등의 정문을 중심으로 반경 300 m 이내 도로의 일정 구간에 지정한다고 하였습니다.

2 스쿨 존에서 자동차는 시속 30 km로 서행하며, 스쿨 존은 어린이의 시야를 막지 않기 위해 주차와 정차를 모두 금지하고 있습니다.

## 글 독해
● 138~140쪽

### ★ 어떤 글일까요?

일상생활에서 찾아볼 수 있는 학교 안팎의 법에 대하여 설명한 글입니다.

### ★ 문단 요약

| | |
|---|---|
| 1문단 | 일상생활 속의 법 |
| 2문단 | 학교 안의 법: 학교급식법, 학교보건법 |
| 3문단 | 학교 안팎의 법: 학교 폭력에 관한 법 |
| 4문단 | 학교 밖의 법 ①: 어린이놀이시설 안전관리법 |
| 5문단 | 학교 밖의 법 ②: 교육환경 보호에 관한 법 |

1 ④        2 ⑤        3 학교보건법
4 ③        5 (1) ○ (2) × (3) ○
6 ④        7 ③

1 학생이 일상생활을 하며 학교 안팎에서 만날 수 있는 법에 대해 설명한 글입니다.

2 초등학교 근처에는 유해 시설을 세울 수 없다고 하였습니다.

3 2문단에서 '학교보건법'은 학교의 보건과 위생을 도모하기 위해 만든 법으로, 보건실 설치와 학생 및 교직원의 신체검사 실시 등의 내용을 담고 있다고 하였습니다.

4 학교 폭력의 가해자는 '학교폭력예방 및 대책에 관한 법률'에 의해 징계를 받을 수 있다고 하였습니다.

5 (2) 놀이 시설은 '어린이놀이시설 안전관리법'에 따라 관리됩니다.

6 초등학교 근처에 어린이에게 좋지 않은 영향을 주는 시설을 설치할 수 없도록 규정하는 법은 '교육환경 보호에 관한 법률'입니다.

7 어린이 놀이터의 놀이 시설은 '어린이놀이시설 안전관리법'에 의해 관리되고 있다고 하였습니다.

## 하루 어휘
● 141쪽

1 (1) ⓒ (2) ㉠ (3) ⓒ
2 (1) { 건전하다 / 건장하다 } (2) { 성취해야 / 섭취해야 } (3) { 기약한 / 기여한 }
3 (1) ③ (2) ② (3) ①

## 신나는 퍼즐 퍼즐
● 142쪽

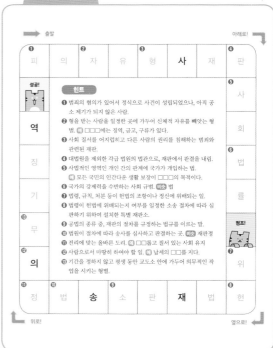

출발 →                                               아래로! ↴

| ❶피 | ❷의 | 자 | 유 | ❸형 | 사 | 재 | ❹판 |
|---|---|---|---|---|---|---|---|
| 성공! | | | | | | | ❺사 |
| 역 | | | | | | | 회 |
| 징 | | | | | | | ❻법 |
| 기 | | | | | | | 률 |
| ❶무 | | | | | | | 점프! ❼ |
| ❷의 | | | | | | | 위 |
| ❸정 | ❿법 | 송 | 소 | 판 | 재 | 법 | ❼헌 |

↳ 위로!                                              열으로! ↴

### 힌트

❶ 범죄의 혐의가 있어서 정식으로 사건이 성립되었으나, 아직 공소 제기가 되지 않은 사람.
❷ 형을 받는 사람을 일정한 곳에 가두어 신체적 자유를 빼앗는 형벌. 📝 □□□에는 징역, 금고, 구류가 있다.
❸ 사회 질서를 어지럽히고 다른 사람의 권리를 침해하는 범죄와 관련된 재판.
❹ 대법원을 제외한 각급 법원의 법관으로, 재판에서 판결을 내림.
❺ 사법적인 영역인 개인 간의 관계에 국가가 개입하는 법. 📝 모든 국민의 인간다운 생활 보장이 □□□의 목적이다.
❻ 국가의 강제력을 수반하는 사회 규범. 📝 ❻ 법
❼ 법령, 규칙, 처분 등이 헌법의 조항이나 정신에 위배되는 일.
❽ 법령이 헌법에 위배되는지 여부를 일정한 소송 절차에 따라 심판하기 위하여 설치한 특별 재판소.
❾ 공법의 종류 중, 재판의 절차를 규정하는 법규를 이르는 말.
❿ 법원이 절차에 따라 송사를 심사하고 판결하는 곳. 📝 재판정
⓫ 진리에 맞는 올바른 도리. 📝 □□롭고 질서 있는 사회 유지
⓬ 사람으로서 마땅히 하여야 할 일. 📝 납세의 □□를 지다.
⓭ 기간을 정하지 않고 평생 동안 교도소 안에 가두어 의무적인 작업을 시키는 형벌.

26  바른답·알찬풀이

# 문장제 해결력 강화

# 문제 해결의 길잡이

**문해길 시리즈**는

문장제 해결력을 키우는 상위권 수학 학습서입니다.

문해길은 8가지 문제 해결 전략을 익히며

수학 사고력을 향상하고,

수학적 성취감을 맛보게 합니다.

이런 성취감을 맛본 아이는

수학에 자신감을 갖습니다.

수학의 자신감, 문해길로 이루세요.

문해길 원리를 공부하고, 문해길 심화에 도전해 보세요!
원리로 닦은 실력이 심화에서 빛이 납니다.

**문해길** (원리)

문장제 해결력 강화
1~6학년 학기별 [총12책]

**문해길** (심화)

고난도 유형 해결력 완성
1~6학년 학년별 [총6책]

하루 한장

## 공부력 강화 프로그램

공부력은 초등 시기에 갖춰야 하는 기본 학습 능력입니다.
공부력이 탄탄하면 언제든지 학습에서 두각을 나타낼 수 있습니다.
초등 교과서 발행사 미래엔의 공부력 강화 프로그램은
초등 시기에 다져야 하는 공부력 향상 교재입니다.

하루 한장 독해

초등 국어 3-1 5

**비법 ❶**
초등 국어 교과서 집필진이 개발한 독해 프로그램입니다.

'하루 한장 독해'는 초등 국어 교과서의 전문 집필진이 개발한 독해 맞춤 프로그램으로, 국어 학습의 기초를 튼튼히 할 수 있습니다.

**비법 ❷**
교과 학습 단계에 맞추어 독해 전략을 익힙니다.

'하루 한장 독해'는 학습 발달 단계를 고려하여 학년별 교과와 연계한 주요 독해 전략을 담은 연습을 할 수 있습니다.

**비법 ❸**
새 교육과정에 따라 다양한 독해 제재를 다룹니다.

설명 글, 실화 글, 문학 작품 외에 새 교육과정에 포함된 여러 가지 생활문과 매체 자료 등 다양한 제재를 독해할 수 있습니다.

MiraeN 엔듀

하루 한장 쏙셈

초등 수학 3-1 5

**비법 ❶**
쏙셈으로 다지는 교과서 기본 학습

초등 수학의 80%가 연산입니다. 쏙셈은 교과서 단원별로 익혀야 할 연산 문제를 구성하여 초등 수학의 기초 실력을 다져 줍니다.

**비법 ❷**
원리로 터득하는 탄탄한 연산 실력

수학은 수의 구조와 관계를 탐구하는 과목입니다. 쏙셈은 연산 원리 학습을 통해 연산 과정을 숙달하고 수의 구조와 관계를 익힙니다.

**비법 ❸**
재미를 통한 수학적 창의력 향상

다른 그림 찾기, 숨은 그림 찾기가 정해매물을 만드는 사실을 아시나요? 쏙셈은 재미있고, 다양한 제물로 창의력을 향상시킵니다.

MiraeN 엔듀

**예비초등**

**한글 완성**

초등학교 입학 전
한글 읽기·쓰기 동시에 끝내기 [총3책]

**예비 초등**

자신있는 초등학교 입학 준비!
[국어, 수학, 통합교과, 학교생활 총4책]

 **독해**

**독해 시작편**

초등학교 입학 전 독해 시작하기
[총2책]

**독해**

교과서 단계에 맞춰 학기별
읽기 전략 공략하기 [총12책]

**비문학 독해 사회편**

사회 영역의 배경지식을 키우고,
비문학 읽기 전략 공략하기 [총6책]

**비문학 독해 과학편**

과학 영역의 배경지식을 키우고,
비문학 읽기 전략 공략하기 [총6책]

 **쏙셈**

**쏙셈 시작편**

초등학교 입학 전 연산 시작하기
[총2책]

**쏙셈**

교과서에 따른 수·연산·도형·측정까지
계산력 향상하기 [총12책]

**창의력 쏙셈**

문장제 문제부터 창의·사고력 문제까지
수학 역량 키우기 [총12책]

**쏙셈 분수·소수**

3~6학년 분수·소수의 개념과 연산 원리를
집중 훈련하기 [분수 2책, 소수 2책]

 **ENGLISH BITE**

**알파벳 쓰기**

알파벳을 보고 듣고 따라 쓰며 읽기·쓰기
한 번에 끝내기 [총1책]

**파닉스**

알파벳의 정확한 소릿값을 익히며
영단어 읽기 [총2책]

**사이트 워드**

192개 사이트 워드 학습으로
리딩 자신감 쑥쑥 키우기 [총2책]

**영단어**

학년별 필수 영단어를 다양한
활동으로 공략하기 [총4책]

**영문법**

예문과 다양한 활동으로
영문법 기초 다지기 [총4책]

 **한자**

교과서 한자 어휘도 익히고
급수 한자까지 대비하기
[총12책]

**중국어**

신 HSK 1, 2급 300개 단어를
기반으로 중국어 단어와 문장
익히기 [총6책]

 큰별★쌤 최태성의 **한국사**

큰별쌤의 명쾌한 강의와 풍부한 시각
자료로 역사의 흐름과 사건을 이미지
로 기억하기 [총3책]

 **하루 한장 학습 관리 앱**
손쉬운 학습 관리로 올바른
공부 습관을 키워요!

개념과 **연산 원리**를 집중하여
한 번에 잡는 **쏙셈 영역 학습서**

# 하루 한장 쏙셈
# 분수·소수 시리즈

**하루 한장 쏙셈 분수·소수 시리즈**는
학년별로 흩어져 있는 분수·소수의 개념을
연결하여 집중적으로 학습하고,
재미있게 연산 원리를 깨치게 합니다.

하루 한장 쏙셈 분수·소수 시리즈로
초등학교 분수, 소수의 탁월한 감각을 기르고,
중학교 수학에서도 자신있게 실력을 발휘해 보세요.

## 분수 1권
### 초등학교 3~4학년

◉ 분수의 뜻

◉ 단위분수, 진분수, 가분수, 대분수

◉ 분수의 크기 비교

◉ 분모가 같은 분수의 덧셈과 뺄셈

⋮

3학년 1학기 _ 분수와 소수
3학년 2학기 _ 분수
4학년 2학기 _ 분수의 덧셈과 뺄셈

APP 다운로드

**스마트 학습 서비스 맛보기**
분수와 소수의 원리를
직접 조작하며 익혀요!